Warum unsere Kinder Tyrannen werden

Oder: Die Abschaffung der Kindheit

Michael Winterhoff

Warum unsere Kinder Tyrannen werden

Oder: Die Abschaffung der Kindheit

Unter Mitarbeit von Carsten Tergast

Weltbild

Genehmigte Lizenzausgabe
für Verlagsgruppe Weltbild GmbH,
Steinerne Furt, 86167 Augsburg

Umschlaggestaltung: Uhlig /www.coverdesign.net
Gesamtherstellung: CPI – Clausen & Bosse GmbH, Leck
Printed in the EU

ISBN 978-3-8289-5039-9

2010 2009
Die letzte Jahreszahl gibt die aktuelle Lizenzausgabe an.

Inhalt

We don’t need no education
we don’t need no thought control
no dark sarcasm in the classroom
teachers leave them kids alone

aus: Pink Floyd, Another brick in the wall

Kapitel 1

Zwischen Super-Mamas und Erziehungsnotstand – Wenn aus Kindern Tyrannen werden

In deutschen Wohnstuben sind sie allabendlich auf den TV-Schirmen zu sehen: »Super-Nannies« oder Super-Mamas werden vor laufenden Kameras in einen Familienalltag eingeschleust, in dem schon längst so ziemlich alles kaputt gegangen zu sein scheint. Ein Familienalltag, der nichts mehr mit dem zu tun hat, was wir ursprünglich einmal im positiven Sinne damit verbunden haben. Stattdessen: außer Rand und Band geratene Kinder, kreischende, schreiende Eltern und Geschwister – schlagende Beispiele einer menschlichen Entwicklungsstufe, die doch eigentlich unser aller Zukunft sein sollte.

Die Botschaft ist klar: Deutschlands Kinder sind nur noch mit harten Methoden, einer Art »Zero-Tolerance«-Strategie in der Erziehung auf Kurs zu bringen.

Derartige Überzeichnungen von auf Krawall gestylten Dokus deutscher TV-Stationen, gesendet zur Prime-Time, umringt von den teuersten Werbeplätzen des Programms, werden gerne als »Schund«, »Unterschichten-TV« oder »peinlich« gebrandmarkt. Und doch bringen sie oft genug ein latent in der Gesellschaft vorhandenes Gefühl ebenso auf den Punkt wie die fette Schlagzeile eines bundesweit bekannten Boulevard-Blattes, das angeblich keiner liest, aber dessen

Inhalt doch jeder kennt. Ihre hohen Einschaltquoten generieren solche TV-Sendungen nicht zuletzt aus dem Umstand, dass die vorgeführten Phänomene dem Zuschauer merkwürdig bekannt vorkommen und ein Gefühl des »Genauso-ist-Es« erzeugen.

Die Sendungen führen genau jene kleinen Tyrannen vor, die zunehmend unser aller Leben bevölkern. Kinder, deren Erziehung vollkommen aus dem Ruder gelaufen zu sein scheint, die nichts mehr mit den »lieben Kleinen« gemein haben, die jeder Vater, jede Mutter sich einmal gewünscht hat.

Das Problem an der Sache ist: Ob Pseudo-Erziehung im Abendprogramm oder feinfühliges, aufwändiges Kümmern besorgter Eltern in den heimischen vier Wänden – all diese Versuche, des Problems Herr zu werden, sind so lange zum Scheitern verurteilt, wie wir einen der wichtigsten Bestandteile des Menschen dabei außer Acht lassen. Bewusst außer Acht lassen, weil wir glauben, er entwickele sich von ganz allein und sei irgendwann automatisch voll ausgebildet: die Psyche.

Ich sehe in meiner Praxis tagtäglich Kinder und Jugendliche mit vielfältigen Störungen. Im Laufe meiner Tätigkeit als Kinderpsychiater haben sich bei der Analyse der auftretenden Störungen so gravierende Veränderungen ergeben, dass Anlass zu großer Sorge um die gesamtgesellschaftliche Zukunft gegeben ist. Immer weniger arbeits- und beziehungsfähige Jugendliche und Erwachsene werden die Folge sein, wenn sich weiterhin kein Bewusstsein für diese Störungen bildet.

Bei einem großen Teil dieser Kinder und Jugendlichen, die in allen Lebensbereichen Probleme verursachen, haben wir es nach meinem in langjähriger Beobachtung entwickelten Modell mit Menschen zu tun, deren psychischer Reifegrad in etwa auf dem Niveau von maximal Dreijährigen stagniert. Anders gesagt: Diese Jugendlichen sind in einer frühkindlichen psychischen Phase fixiert, ihr körperliches und ihr psychisches Alter klaffen weit auseinander. Sie können dadurch keinerlei störungsfreie Beziehung zu ihrer Umwelt mehr aufbauen. Jeglicher Zugang zu ihnen scheint unmöglich geworden zu sein, sie terrorisieren ihre Umwelt mit einem inakzeptablen Verhalten und sind gegen Steuerungsversuche von außen absolut immun.

Mein Ansatz, der die psychische Entwicklung der Kinder in den Mittelpunkt rückt, ist die einzige Möglichkeit, diesen Trend sinnvoll zu analysieren und Strategien zu entwickeln, wie man ihm wirksam entgegentreten könnte. Das ist bisher nicht so gesehen worden, weil der Grundkonsens innerhalb der für Erziehung und Ausbildung wichtigen Teile der Gesellschaft auf Annahmen beruhte, die dieser Einschätzung zuwiderlaufen. Dieser Grundkonsens lässt sich anhand von drei grundsätzlichen Beziehungsstörungen zwischen Erwachsenen und Kindern beschreiben: der Partnerschaftlichkeit, der Projektion und der Symbiose.

Die fehlende Diskussion über die Annahmen und gesellschaftstheoretischen Meinungen, die hinter dem Konsens stehen, hat dazu geführt, dass bisher kaum Ansätze vorhanden sind, die über die Variation im Grunde immer gleicher pädagogischer Modelle hinausgehen. Diese übereinstimmende Meinung ist jedoch in den letzten Jahren zunehmend ins Wanken geraten, so dass Offenheit gegenüber dem Versuch spürbar ist, das Verhältnis zwischen Eltern, Lehrern, Erziehern und Kindern wieder so zu gestalten, dass Erstere in der Lage sind, Ausbildung und Erziehung wirksam zu steuern. Wir befinden uns mittlerweile in einem Ausnahmezustand, in dem Kinder zu Erziehern ihrer Eltern geworden sind und diese rein lustbetont steuern können, ohne Grenzen aufgezeigt zu bekommen. Der Grund dafür liegt nicht in angeborener Bösartigkeit, sondern darin, dass diese Kinder psychisch gar nicht in der Lage sind, ihr Verhalten als falsch zu empfinden.

Die Beschreibung der genannten drei Beziehungsstörungen wird zeigen, wo die entscheidenden Fehler und Missverständnisse sich verbergen und wo sich mögliche Auswege aus der Misere finden lassen.

Die Verantwortung für diesen Missstand, der in letzter Konsequenz die Existenz unserer friedlich zusammenlebenden Gesellschaft gefährdet, ist nicht in einem Umstand allein zu finden. Ein ganzes Konglomerat an Einflüssen kommt zusammen und hat für die kindliche Psyche fatale Auswirkungen. Kinder, die aufgrund fehlender psychischer Voraussetzungen nicht in der Lage sind, falsches von richtigem Verhalten zu unterscheiden, entwickeln sich zu eben jenen Tyrannen und Monstern, vor denen wir im Alltag immer häufiger mit einer großen Fassungslosigkeit stehen.

Pädagogik, Erziehungskonzepte, Unterrichtsformen in Kindergarten und Schule, und auch die tägliche Erziehung im Elternhaus, all dies kann erst voll zum Tragen kommen und Kinder auf den richtigen Weg bringen, wenn gleichzeitig darauf geachtet wird, dass ihr psychischer Entwicklungsstand auf einem altersgerechten Niveau ist. Diese Tatsache jedoch haben heute viele für Erziehung zuständige Personen überhaupt nicht mehr auf ihrem persönlichen Radar. Sie gehen vielmehr davon aus, dass Psyche etwas ist, was sich von selbst, quasi nebenbei entwickelt. Psychische Fehlentwicklungen werden dementsprechend als von außen beeinflusste, spätere Erkrankungen verstanden, die in den meisten Fällen durch Analyse und Beseitigung ihrer Ursachen wieder rückgängig gemacht werden könnten. Auffälliges Fehlverhalten von Jugendlichen wird so gut wie nie auf der Basis einer Betrachtung ihrer psychischen Reife in Augenschein genommen. Viel zu schwer scheint es, sich vorzustellen, dass sowohl relativ harmlose Dinge wie zeitweilige Verweigerungshaltung bei diversen alltäglichen Verrichtungen, als auch schwerwiegende Dinge wie Diebstahl oder Gewalttätigkeit etc. sich vor dem Hintergrund psychischer Reifeprozesse sehr viel besser erklären lassen als mit Modellen, die ausschließlich soziale Einflüsse als prägend annehmen.

Die gängigen Mechanismen zeigt ein Beispiel, das vor etwa anderthalb Jahren kurzzeitig die Republik erschütterte.

Im November 2006 nämlich geriet die Stadt Emsdetten, gelegen im als beschaulich geltenden Münsterland, in die Schlagzeilen. Das war leider nicht positiven Entwicklungen in der 35.000-Einwohner-Gemeinde geschuldet, sondern einer Schreckensnachricht: Ein Schüler der örtlichen Geschwister-Scholl-Realschule hatte mit einem Amoklauf versucht, Mitschüler und Lehrer zu töten. Letztlich blieb es bei elf Verletzten, Glück im Unglück gewissermaßen. Das einzige Opfer war der Amokläufer selbst, 18 Jahre alt; er galt den meisten als Einzelgänger und unberechenbarer Computerspielfanatiker.

»Allgemeine Frustration und Sinnleere«, so ließ sich folgerichtig anschließend der leitende Oberstaatsanwalt vom SPIEGEL zitieren, hätten zu der Tat geführt; die Eltern des Amokläufers erlitten beide einen schweren Schock ob der nie erwarteten Untat ihres Sohnes.

Solche Meldungen erschrecken uns in den letzten Jahren zunehmend, sie sind die Spitze eines Berges, dessen Ausmaß bisher niemand so recht einzuschätzen vermag. Wer in seinem Bekanntenkreis Lehrer, Kindergarten-Erzieher oder anderweitig pädagogisch tätige Menschen hat, kennt zur Genüge die Klagelieder über die scheinbar hoffnungslose Lage bei Kindern und Jugendlichen. Diese erscheinen zu einem großen Teil als respektlos und ohne jede Orientierung an allgemein verbindlichen Werten und Normen. Dabei handelt es sich in vielen Fällen um Kinder aus intakten Familien, bei denen die üblichen Erklärungsmuster wie »schwierige Kindheit«, »kaputte Familie« oder »ungünstiges soziales Umfeld« nicht greifen.

Schwierigkeiten bereiten zunehmend Kinder und Jugendliche, deren Eltern vom ersten Tag an liebevoll mit ihnen umgehen, für jeden gut gemeinten Erziehungsratschlag dankbar sind und innovative pädagogische Konzepte in die Tat umzusetzen versuchen. Auch der Täter von Emsdetten kam, nach allem, was wir wissen, aus einer funktionierenden Familie, war ein guter Schüler. Dass er als Einzelgänger bekannt war, musste ja nicht zwangsläufig zum Amoklauf führen.

Doch zurück zu den Mechanismen, die in solchen Fällen üblich sind. Die Reaktion, die innerhalb der Gesellschaft in der vergangenen Zeit auf dieses Phänomen zu beobachten ist, setzt in der Hauptsache auf eine Pädagogikdebatte. Schwer unter Beschuss geraten ist dabei die so genannte 68er-Generation, also all jene, die aus der Not einer ganz spezifischen Generationserfahrung, dem Ausbruch aus als zu eng empfundenen Fesseln der Erziehung und Disziplin, eine Tugend gemacht zu haben schienen: Konzepte antiautoritärer Erziehung, überhaupt eine scheinbar totale Ächtung des Autoritätsbegriffes, waren lange Zeit Konsens unter all jenen, die im pädagogischen Bereich tätig waren. Auch bei den Eltern war oft eher die »lange Leine« angesagt, um nicht die gleichen Fehler zu machen, die man bei den eigenen Eltern als prägend erfahren hatte.

Vielfach ist derzeit eine radikale Umkehr zu beobachten. Erziehungsratgeber empfehlen zunehmend mehr Strenge und Konsequenz in der Erziehung, der berühmte »Klapps auf den Hintern« ist wieder diskussionsfähig geworden, wobei die derzeitige Tendenz häufig genug dahin geht, dass eben jener »noch niemandem geschadet habe«. Eine derzeit durchaus salonfähige Feststellung, die, unabhängig davon, ob sie richtig oder falsch ist, noch vor nicht allzu langer Zeit für große Empörung gesorgt hätte.

Ob »Klapps« oder nicht »Klapps«, eines scheint in der gegenwärtigen Diskussion über jeden Zweifel erhaben: Der Schlüssel zu einer Änderung im Zustand unserer Kinder und Jugendlichen liegt in einer neuen Pädagogik und darauf aufbauenden didaktischen Modellen. Es wird indes nicht gesehen, dass man es sich damit zu einfach macht. Natürlich kann man »Alte Pädagogik« und »Neue Pädagogik« gegenüberstellen und daraus banale Erkenntnisse formulieren wie etwa die, dass es für Kinder besser sei, manchmal ein »Nein« zu hören, oder auch Entscheidungen in einem kommunikativen Prozess zu finden, anstatt einfach den Anweisungen des Lehrers zu folgen und diese auszuführen. Kaum jemand wird diesem Ansatz, der hier nur stellvertretend für viele weitere Ideen einer »Neuen Pädagogik« steht, widersprechen. Nur: Was braucht das Kind, um diese kommunikative Leistung überhaupt erbringen zu können? Wie ist der Lärmpegel und das sowohl Lehrer als auch Mitschüler missachtende Kommunikationsverhalten vieler Schüler heute mit solchen Ansätzen in Einklang zu bringen?

Ich verfolge demgegenüber einen grundlegend anderen, und vor allem neuen Gedanken, um in der Sackgasse der aktuellen Debatte kehrtzumachen und nach neuen Wegen zu suchen, die schließlich auch zu sinnvollen pädagogischen Bemühungen führen können. Um diese Wege zu finden, muss man sich auf das Feld der Tiefenpsychologie und der Psychiatrie begeben.

Ich verstehe meine Ausführungen somit keinesfalls als Beitrag zur Diskussion um eine wie auch immer geartete »Neue Pädagogik«. Sie sind auch nicht als Erziehungsratgeber misszuverstehen. Ich fordere vielmehr, sich endlich darauf zu besinnen, dass die Debatten um Erziehungsmodelle, Schulformen, pädagogische Konzepte in Kindergärten und Horten so lange wirkungslos bleiben werden, bis wir begriffen haben, welche Grundvoraussetzung all diese Dinge brauchen: nämlich eine psychische Reife unserer Kinder, auf deren Grundlage alles Weiterführende überhaupt erst greifen kann.

Viele der in diesem Buch beschriebenen Fallbeispiele aus den Bereichen Kindergarten, Schule und Heim werden ihnen als Leser bekannt vorkommen, entweder aus eigener – leidvoller – Erfahrung oder aus den Erzählungen von Bekannten und Freunden, die ganz ähnliche Situationen erlebt haben und immer wieder erleben. Es ist in diesem Zusammenhang wichtig, noch einmal darauf hinzuweisen, dass keines dieser Beispiele irgendeine Gruppe diskreditieren soll. Weder Kindern noch Erziehern oder Eltern soll Schuld zugewiesen werden. Ich führe hier keine Schulddiskussion, die die Gesellschaft letztlich weiter spalten und den Blick auf die eigentliche Problematik verstellen würde. Worum es geht, ist, zu verstehen, dass sich die unterschiedlichsten Symptome scheinbar erziehungsresistenter Kinder und Jugendlicher auf eine gemeinsame Sache zurückführen lassen, nämlich fehlende psychische Reife.

Erst wenn auf der Basis einer solchen Erkenntnis Erwachsene lernen, ihr eigenes Verhalten kritisch zu reflektieren, wird es möglich sein, Kindern wieder den Platz in der Gesellschaft zukommen zu lassen, auf den sie ein Recht haben. Das bedeutet: Kinder müssen wieder als Kinder gesehen werden. Heute sind wir dazu übergegangen, sie uns als kleine Erwachsene ebenbürtig zu machen und damit restlos zu überfordern.

Ein erstes Fallbeispiel: Das Beispiel Niklas oder: Ein ganz normaler Tag in einer Grundschule

Nach dem morgendlichen Gong um 8.15 Uhr stellen sich alle Kinder einer Klasse geordnet auf. Auch die Klasse 1c hat ihren festen Platz, die Kinder stehen zu zweit und warten auf ihre Lehrerin. Nur zwei Kinder laufen um die Gruppe herum. Nachdem die Lehrerin kommt und sie bittet, sich mit aufzustellen, gehen sie gemächlich an das Ende der kleinen Schlange.

Niklas läuft noch durch die Sträucher und versteckt sich. Als er sieht, dass seine Klasse zur Eingangstür geht, schreit er laut: »Hier bin ich!« Die Lehrerin winkt ihm auffordernd zu. Daraufhin rennt N. schnell zu seiner Klasse und drängt sich vor die anderen Kinder, was zu Ärger und auch zu einer Gefahrensituation auf der Treppe zwischen ihm und einigen anderen Kindern führt. Die Lehrerin will ihn an die Hand nehmen, um sein rüpelhaftes Schubsen und Drängeln für die anderen Kinder abzumildern, doch Niklas wehrt sich heftig und läuft einfach weiter.

Vor der Klasse angekommen, wirft er erst einmal seinen Schulranzen in die Mitte des Flures. Die Lehrerin stellt den Ranzen an die Seite, damit die anderen Kinder nicht darüber stolpern und es ihm nicht gleichtun. Während sich alle anderen ausziehen, ihre Jacken aufhängen und die Schuhe ins Regal stellen, steht Niklas daneben und schaut zu. Erst als die meisten Kinder schon in der Klasse sind, zieht auch er seine Jacke aus und wirft sie in Richtung Kleiderhaken.

Dann will er in die Klasse gehen. Da die Lehrerin noch in der Klassentür steht, hält sie ihn mit dem Hinweis zurück, er möge bitte seine Schuhe auch ausziehen. Niklas schreit laut: »Nein!« Daraufhin verweist die Lehrerin auf das gute Beispiel der anderen Kinder und erinnert an die Klassenregel. Erst als Niklas sieht, dass auch seine Freundin Anne die Schuhe auszieht, ist er bereit, dasselbe zu tun (Hausschuhe zieht er aber trotzdem nicht an). Nun darf er den Klassenraum betreten. Er geht aber nicht wie die anderen Kinder zu seinem Platz, sondern rutscht auf den Knien durch den Raum und zieht seinen Schulranzen über den Boden hinter sich her bis zu seinem Einzelplatz. Dort wirft er den Ranzen noch einmal lautstark auf den Boden und setzt sich dann auf seinen Platz.

Nachdem alle Kinder ihre Plätze eingenommen haben, stehen sie auf, um sich einen guten Morgen zu wünschen. Dieses Ritual ist verbunden mit einer kleinen Gymnastikübung. Während alle Kinder mit Blick zur Lehrerin stehen, stellt sich Niklas auf seinen Stuhl mit Blick in die Klasse. Um einen weiteren Eklat zu vermeiden, wechselt die Lehrerin ihren Standort, so dass der Junge nicht mehr im Mittelpunkt steht (Niklas hat bereits seinen Einzelplatz direkt neben dem Pult). Diese Reaktion der Lehrerin hindert ihn jedoch nicht daran, den Guten-Morgen-Gruß zu verändern und lautstark in die Klasse »Arschloch, Wichser« zu brüllen und dies im Rhythmus des Guten-Morgen-Grußes. Die Lehrerin legt ihm begütigend die Hand auf die Schulter, und er setzt sich wieder hin.

Während der sich anschließenden kurzen Leseübung (Wörter mit dem neuen Buchstaben werden von der Tafel gelesen, und der neue Buchstabe wird an der Tafel nachgesprochen) meldet sich Niklas nicht zum Lesen. Wenn aber ein Kind ein Wort nicht sofort ausspricht oder langsam Buchstabe für Buchstabe liest, schreit Niklas irgendein zuvor gehörtes Wort dazwischen, was zur Verunsicherung mancher Kinder führt. Die Lehrerin bittet ihn, sich auch ein Wort auszusuchen und es an der Tafel zu zeigen. Er erwidert, das zuvor in die Klasse gerufene Wort sei sein Wort und für ihn reserviert. Als er sein Wort vorlesen darf, gelingt es ihm nur mit Hilfe der Lehrerin.

Eine sich anschließende schriftliche Aufgabe wird von ihm erst einmal verweigert. Er könne das nicht, und er mache das auch nicht. Angebotene Hilfe schlägt er in schroffem Ton aus und will sich auf einen Rundgang durch die Klasse machen. Als die Lehrerin auf der Bearbeitung der Aufgabe besteht und ihm das Aufstehen streng verbietet, bleibt Niklas an seinem Tisch sitzen, rutscht aber mit diesem ständig zur Tafel und wieder zurück. Als er damit keine Aufmerksamkeit mehr weckt, schaut er den anderen Kindern eine Weile ruhig beim Arbeiten zu. Dann nimmt er ein mitgebrachtes Vorschullernheft aus seinem Schulranzen und will damit arbeiten. Die Lehrerin schaut sich das Heft an, sucht für ihn passende Seiten und interessante Aufgaben heraus. Niklas schaut sie sich an, weigert sich dann aber, diese zu bearbeiten und erzwingt, sich selbst ausgesuchte Aufgaben zu erledigen.

In der nächsten Stunde geht die Klasse zum Sportunterricht in die Turnhalle. Die Lehrerin hat Stationen zum Springen und Balancieren als Thema der Stunde gewählt. Niklas nimmt normalerweise am Sportunterricht gar nicht teil, sondern versucht sich meist hinter den blauen Sportmatten herumzudrücken bzw. ziel- und planlos durch die Halle zu laufen. Als er beim Gang zu den Umkleidekabinen die aufgebauten Stationen sieht, zieht er sich schnell die Sporthose an und läuft sofort in die Turnhalle. Den Kindern ist der Stationenbetrieb bekannt. Sie dürfen sich die Stationen nach dem Umziehen frei wählen. Niklas sucht sich eine Station zum Springen aus und beginnt auch ohne Probleme. Nach kurzer Zeit beschweren sich ein paar Kinder, weil er sich immer vordrängt. Die Lehrerin bittet ihn, die Reihenfolge einzuhalten und die unbedingt erforderlichen Sportschuhe anzuziehen. Danach könne er seine Sprungübungen fortsetzen. Niklas ärgert sich darüber so sehr, dass er die Lehrerin mit »Arschloch« beschimpft. Sie nimmt ihn am Arm und geht mit ihm in den Vorraum der Turnhalle. Dort erklärt sie ihm, dass sie sich durch solche Beschimpfungen beleidigt fühlt und sich diesen Ton verbittet. Außerdem würde sie ihn ja auch nicht beleidigen. Dann weist sie ihn zum wiederholten Male auf die für ihn gefährliche Situation beim Springen ohne Turnschuhe hin. Er reagiert gar nicht, sondern schaut nur starr und ausdruckslos in die Turnhalle und zu den anderen Kindern.

Wieder zurück in der Klasse, setzt er sich an seinen Einzeltisch und packt sein Frühstück aus. Während er frühstückt, ist er leise. Erst zum Ende hin rülpst er ein paar Mal laut in die Klasse, was von den Kindern schon gar nicht mehr wahrgenommen wird.

Mittags holt die Mutter Niklas ausnahmsweise einmal persönlich ab. Die Lehrerin berichtet ihr kurz von den schwierigen Phasen am Vormittag, die Mutter ist ganz erstaunt von diesem Verhalten, weist aber ihren Sohn zurecht. Niklas hört ihr ohne erkennbare Reaktion zu und schaut dabei den langen Flur entlang.

Solche und ähnliche Situationen und Verhaltensweisen ergeben sich jeden Tag, in jeder Stunde. Es gibt keine besonders guten und keine besonders schlechten Tage. Alle sind irgendwie gleich. Geprägt von Niklas.

Nur: Niklas ist kein Einzelfall. Kinder wie Niklas kommen in nahezu jeder Gruppe, jeder Klasse vor und prägen die Situation heutigen Schulunterrichtes leider in auffallender Weise.

Kapitel 2

Was mit unseren Kindern los ist – Von Muffins und nicht gemachten Hausaufgaben

Ich arbeite seit über zwanzig Jahren als Arzt für Kinder- und Jugendpsychiatrie. Das bedeutet, dass in meiner Praxis täglich Kinder und Jugendliche vorstellig werden, deren Eltern, meist nach reiflicher Überlegung, zu dem Schluss gekommen sind, dass bei ihrem Nachwuchs besorgniserregende und behandlungsbedürftige Auffälligkeiten im Verhalten vorliegen. Dabei handelt es sich keineswegs mehrheitlich um Familien aus prekären sozialen Verhältnissen, sondern überwiegend um Angehörige der bürgerlichen Mittel- und Oberschicht. Die Eltern dieser Kinder lassen das Engagement für das Wohlergehen ihres Nachwuchses keineswegs vermissen, im Gegenteil: Sie sind besorgt, bemüht, und würden ihrem Selbstverständnis nach alles dafür tun, glückliche und zufriedene Kinder heranzuziehen.

Um einen Eindruck von einem typischen Elterngespräch zu bekommen, mag der Fall des zehnjährigen Sebastian als Beispiel dienen. Seine Mutter, erzählt im Interview von einem Gespräch beim Elternsprechtag, bei dem mehrere Lehrer sie darauf hinwiesen, ihr Sohn ließe besorgniserregende und korrekturbedürftige Lerndefizite erkennen.

Frau Schulze, Sie erzählten, dass Sie letzte Woche zum Elternsprechtag in Sebastians Schule waren. Was haben die Lehrer Ihnen dort berichtet?
Einige Lehrer haben mir von auffälligen Lerndefiziten meines Sohnes berichtet. Er sei unaufmerksam, habe Schwierigkeiten, Anweisungen des Lehrers zu befolgen, und sei generell gegen Versuche der Lehrer, vernünftig mit ihm zu reden, immun. Das ist aber nichts Neues oder Ungewöhnliches.

Sie kennen diese Hinweise also schon?
Ja, Sebastian hat schon seit einiger Zeit Probleme, in der Schule mitzukommen. Auch die Klagen der Lehrer, er interessiere sich nicht für ihre Anweisungen, habe ich schon häufiger vernommen.

Beunruhigt Sie das?
Na ja, wissen Sie, natürlich wäre es schöner, er würde überall gut mitkommen. Aber als seine Mutter weiß ich auch, dass Sebastian auf eine eigene Art und Weise lernt und die Schwierigkeiten in der Schule vor allem daher rühren, dass seine Lehrer das nicht ausreichend berücksichtigen.

Was heißt das genau?
Man darf bei ihm auf gar keinen Fall irgendeinen Zwang oder Druck ausüben, sondern muss ihn seinen ganz eigenen Weg machen lassen. Er ist eben von seiner Persönlichkeit her so, dass es ihm schwerfällt, sich danach zu richten, wenn eine Person wie der Lehrer ihm einen Arbeitsauftrag quasi aufzwingt.

In der Schule muss er aber doch lernen, im Klassenverband zu arbeiten und mitzukommen. Ist Ihnen das nicht wichtig?
Wichtiger ist mir, dass er möglichst viel Spaß hat, denn nur

dann hat er auch Lust zu lernen. Die Zwänge in der Schule, durch den Lehrer und den festgelegten Stoff, behagen ihm nicht, da ist es kein Wunder, dass er nicht vernünftig mitarbeitet.

Wie beurteilen Sie denn die Hinweise seiner Lehrer auf die Lerndefizite?
Sebastian kann sehr viel, das weiß ich, er zeigt es eben nur nicht so, weil er mit der klassischen Situation in der Schule nicht klarkommt. Ich vermute eher, dass seine Lehrer den Stoff nicht so erklären, dass er es versteht; zum Teil mag es auch an seinen Mitschülern liegen, die ihn stören.

Die Defizite sind aber ja zweifelsohne vorhanden. Was wollen Sie denn dagegen unternehmen?
Natürlich möchte ich Sebastian gerne helfen, damit er bessere Noten bekommt. Ich habe ihn jetzt bei einem Nachmittagsprogramm angemeldet, bei dem den Kindern das Lernen spielerisch beigebracht wird. Das dürfte für ihn genau das Richtige sein, weil dort der Spaß im Vordergrund steht.

Sebastians Mutter wirkt von ihren Antworten her um ihren Sohn bemüht, sie macht sich Gedanken, wie die Lernschwierigkeiten ihres Sohnes behoben werden können, es ist ihr keinesfalls egal, was mit diesem in der Schule passiert. Selbst den erheblichen finanziellen und zeitlichen Aufwand mit dem Besuch der Nachmittagsschule scheut sie nicht, damit es nur Sebastian gut gehen möge.

Ihre Antworten sind in mehrfacher Hinsicht typisch für solche Gespräche:

- Die Verantwortung für die Schwierigkeiten des Kindes liegt bei den Lehrern.

- Eigentlich ist das Kind ganz anders, zeigt es nur nicht.
- Das Kind hat keinen Spaß und kann deshalb nicht zeigen, was es eigentlich drauf hat.
- Mit dem Versuch, »fachkundige« Hilfe durch die Nachmittagsschule hinzuzuziehen, kann dem kindlichen Defizit Abhilfe geschaffen werden.

Frau Schulze wie auch andere Eltern in ähnlichen Situationen suchen oft händeringend nach Erklärungen für das Verhalten ihrer Kinder und geben sich alle Mühe, ihrer elterlichen Verantwortung gerecht zu werden. Und doch sitzen diese Familien irgendwann bei mir im Behandlungszimmer. Oft haben vorherige therapeutische Bemühungen, gleich welcher Natur, keinen Erfolg gebracht, so dass eine psychiatrische Behandlung als der letzte Ausweg erscheint.

Doch ist die Beschäftigung mit der menschlichen und in diesem Fall vor allem der kindlichen Psyche eben nicht dieser letzte Ausweg, sondern muss – ganz im Gegenteil – als Ausgangspunkt jeglicher weitergehender therapeutischer Bemühungen gesehen werden. Denn die Erkenntnisse, die ich aus meiner langjährigen Tätigkeit gewonnen habe, lassen zwingend darauf schließen, dass der Schlüssel zu einem großen Teil unserer gesellschaftlichen Probleme in den erheblichen Defiziten der in der Gesellschaft handelnden Personen begründet liegt.

Kinder an die Macht! Kinder an die Macht?

Als Herbert Grönemeyer 1986 musikalisch forderte, Kindern die Macht zu geben, weil diese nicht von der Machtgier und der Skrupellosigkeit der Erwachsenen getrieben seien, war das zwar unter dem besonderen Eindruck der

Katastrophe von Tschernobyl sinnbildlich als Protest gegen die Fehler der Elterngeneration zu verstehen, spiegelte jedoch gleichzeitig auch ein Menschen- oder besser gesagt Kinderbild wider, das sich heute in geradezu grotesker Art und Weise zum gesellschaftlichen Konsens aufgeschwungen hat.

Vordergründig scheint die Kinderwelt in den westlichen aufgeklärten Gesellschaften heute mehr denn je in Ordnung zu sein. Es gibt keine Zehnjährigen mehr, die in Bergwerken schuften müssen, damit die Großfamilie daheim genug zu essen hat. Konnte die Literatur um 1900 noch ein eigenes Genre des Schulromans hervorbringen, das den Lehrer als Tyrannen zeichnete, man denke an Frank Wedekinds »Frühlings Erwachen«, Robert Musils »Der junge Törless« oder entsprechende Kurzgeschichten von Rainer Maria Rilke, so werden die Buchseiten heute mit pädagogischen Konzepten und bildungstheoretischen Schriften gefüllt, die nur eines zum Ziel haben: es dem Schüler so leicht wie möglich zu machen, höhere Bildungsstufen zu erklimmen und ein erfolgreiches, selbstbestimmtes sowie erfülltes Leben zu führen.

Kinderrechte sind ein großes Thema, so hat sich beispielsweise auf kommunalpolitischer Ebene die Einführung so genannter Kinderparlamente in vielen Gemeinden eingebürgert. Kinder dürfen dort ähnlich wie die Erwachsenen in einem parlamentarischen Meinungsbildungsprozess Positionen zu Entscheidungen im Gemeindewesen entwickeln, die anschließend in die Entscheidungsfindung des Stadtrates mit einfließen.

Das Kind an sich erscheint uns heute geradezu als Heilsbringer. Verstärkt wird dieser Effekt durch den Kindermangel der modernen Gesellschaft. Die Tatsache, dass in den vergangenen Jahrzehnten immer weniger Kinder geboren wurden, macht das Kind wie in einem marktwirtschaftlichen Vorgang zu einem raren und damit begehrenswerten bzw. wertvollen Gut, das bevorzugt behandelt werden muss.

Kinder werden auf diese Art und Weise in eine Rolle hineingezwängt, für die sie nicht geeignet sind, da ihnen sämtliche psychischen Eigenschaften fehlen, diese Rolle ausfüllen zu können. Die Rolle, die ihnen zugewiesen wird, ist die eines Partners der Erwachsenen.

Trifft man Erwachsene, die sich über Kinder im Kindergarten- oder frühen Schulalter unterhalten, hört man häufig Sätze wie »Mein Kind hat einen starken Willen, es setzt sich durch, weil es weiß, was es will«. Mit solch einer Beschreibung wird dem Kind eine eigene Persönlichkeit zugeschrieben, die es in einem so frühen Stadium seines Lebens noch gar nicht haben kann, da die Persönlichkeitsentwicklung erst mit dem achten oder neunten Lebensjahr einsetzt. Abhängig ist sie in der Folge sowohl von genetischen Anteilen der Eltern als auch von individueller Förderung einzelner Persönlichkeitsanteile.

Was die Eltern aus dem Beispiel mit Persönlichkeit verwechseln, sind schlicht kindliche Verhaltensweisen, die jedes Kind in diesem Alter zeigt. So wirken Kleinkinder immer »willensstark«, da sie psychisch gesehen noch in der Annahme leben, sie seien alleine auf der Welt und könnten rein lustbetont ihren Willen ausleben. Diese Kinder haben noch nicht gelernt, ihre Außenwelt und andere Menschen als Begrenzung ihres eigenen Ichs anzusehen.

Das Problem besteht darin, dass viele Eltern, aber auch Erzieher und Lehrer, das Gefühl dafür verloren haben, den Kindern diese Begrenzung zu vermitteln. Sie nehmen das Kind in seiner vermeintlichen Persönlichkeit wahr und bestärken es eher noch in den angenommenen Merkmalen. Damit wird jedoch eine altersgerechte Weiterentwicklung des Kindes verhindert, es verbleibt in einer frühkindlichen psychischen Phase und wird immer Schwierigkeiten haben, sich im Alltag zurechtzufinden, der ständig das Anerkennen von Grenzen fordert.

Wie sich das in der Realität auswirkt, zeigt das Beispiel von Sara, sieben Jahre alt.

Sara

Sara ist die Tochter von Luise Falkenberg und der ganze Stolz ihrer Mutter. Vom Kleinstkindalter an hatte Frau Falkenberg eine klare Devise: Sara sollte selbstständig werden, eine eigene Persönlichkeit entwickeln und sich keinesfalls von anderen vorschreiben lassen, was sie zu tun oder zu lassen hat.

Dementsprechend ist Sara immer voll und ganz in ihrer Autonomie gefördert worden, sie hat schon im Kindergartenalter selbstständig entschieden, was sie anzieht, zu welchen Zeiten sie essen wollte und was zum Essen auf den Tisch kommt. Auch ihre Spielkameraden wurden von ihr in jedem Fall selbst ausgewählt; wer vor ihren Augen keine Gnade fand, wurde nicht mehr eingeladen.

Wenn Sara sich doch einmal an Regeln des Zusammenlebens im elterlichen Haushalt halten sollte, wurden diese in mühevoller Kleinarbeit gemeinsam erstellt und ausführlich diskutiert.

In der Schule benimmt sich Sara ebenfalls sehr selbstständig. Allerdings sind die daraus entstehenden Situationen eher nicht dazu angetan, dass Frau Falkenberg stolz auf ihre Tochter sein könnte. Diese weigert sich nämlich häufig, ihre Hausaufgaben zu erledigen, auch die zum (von ihr gewünschten) Erlernen des Geigenspiels notwendigen Übungsstunden werden von ihr gerne boykottiert.

Frau Falkenberg versteht jedoch nicht, woran diese Verweigerungshaltung liegen könnte, und ist verzweifelt über die Verhaltensweise ihrer Tochter. Die reagiert grundsätzlich wütend auf Aufforderungen, die Hausaufgaben zu machen oder auf der Geige zu üben. Sie schreit ihre Mutter an, wird bisweilen sogar handgreiflich und schlägt oder tritt sie. Auch das Herumwerfen von Gegenständen gehört zu ihren bevorzugten Reaktionsweisen in Konfliktsituationen, vorrangig werden dabei Gegenstände zerstört, die der Mutter besonders lieb sind. Versuche von Frau Falkenberg, Sara zu etwas zu bewegen, werden von dieser grundsätzlich boykottiert.

An diesem Beispiel wird klar, was geschieht, wenn Eltern wünschenswerte Selbstständigkeit ihrer Kinder damit verwechseln, ihnen keinerlei Regeln für ihr tägliches Verhalten an die Hand zu geben.

Sara ist von klein auf daheim nicht gewöhnt gewesen, dass ihr irgendjemand sagt, was richtig und was falsch ist, was sie tun und was sie lassen soll. Ihre Eltern haben das im Sinne einer antiautoritären Erziehung für die beste Möglichkeit gehalten, ihre Tochter früh zu einer autonomen Persönlichkeit reifen zu lassen. Sie haben sich dabei jedoch nie gefragt, ob Sara überhaupt von allein darauf kommen kann, dass sie Verantwortung nicht nur sich selbst, sondern auch ihren Mitmenschen gegenüber zu tragen hat, dass also ein respektvoller Umgang mit anderen Menschen und deren Besitztümern sie selbst erst zum Menschen macht.

Frau Falkenberg und ihr Mann glauben, Sara bei der notwendigen Hinführung zur Selbstständigkeit behilflich zu sein, merken jedoch nicht, dass ihre Tochter dabei ohne ein Bewusstsein dafür bleibt, dass Selbstständigkeit nichts mit Selbstbestimmung im Sinne einer »Mit-dem-Kopf-durch-die-Wand«-Mentalität zu tun hat. Indem sie Sara von Beginn an bedeutet haben, dass sie alle wichtigen Entscheidungen in ihrem Leben selbst treffen könne, haben sie ihr die Möglichkeit verwehrt, Fremdbestimmung zu spüren und damit zu erlernen, was es bedeutet, in der Gruppe handeln zu müssen.

Über den normalen Umgang mit und die normale Entwicklung von Kindern

Ich werde im Nachfolgenden oft davon sprechen, dass Erwachsene dem Kind gegenüber abgegrenzt auftreten sollten. Auf den ersten Blick begehe ich damit fast schon ein Sakrileg. Abgrenzung klingt für viele Elternohren nach Lieblosigkeit, kaltem autoritären Auftreten und Geringschätzung des Kindes. Um diesem Missverständnis von vornherein zu begegnen, möchte ich ein paar grundsätzliche Dinge vorab sagen.

Der Umgang mit Kindern sollte immer liebevoll sein. Kinder brauchen unbedingt Zuwendung, etwa in Form von altersangemessenem Körperkontakt beim Kuscheln, In-den-Arm-nehmen oder Über-den-Kopf-Streichen. Vorlesen und spielen sind Grundvoraussetzungen für eine gesunde kognitive Entwicklung des Kindes. All diese wichtigen Dinge sind durch die Erkenntnisse, die ich hier zu vermitteln versuche, keineswegs in Frage gestellt.

Das bedeutet: Wann immer es im Folgenden um Strukturen, Training von Abläufen oder das Setzen von Grenzen geht, widerspricht das keinesfalls der Forderung nach einem liebevollen Umgang mit und nach Nähe zum Kind. Erst beides zusammen sorgt für die Ausbildung aller Fähigkeiten, die die Kinder zum Leben brauchen.

Auffällig ist jedoch, dass viele Erwachsene, auch jene, die ganz offensichtlich alles für ihr Kind tun, sich die ganz normalen Entwicklungsstufen, die ein Kind durchlaufen sollte, kaum bewusst machen. Das gilt für alle Bereiche, von der Sprache bis zur Motorik – so sollte ein Kind beispielsweise im Alter von zehn bis zwölf Monaten Einwortsätze sprechen können, mit 12 bis 14 Monaten müsste es unter anderem in der Lage sein, aufrecht zu gehen.

Mit drei Jahren ist die Sprachentwicklung im normalen Verlauf bei Drei- bis Vierwortsätzen angekommen, die Sauberkeitserziehung ist so weit, dass das Kind tagsüber trocken ist. Und vor allem: Es hat gelernt, sich in Abwesenheit der Eltern von externen Respektspersonen führen zu lassen und sich unauffällig in einer größeren Kindergruppe zu bewegen. Was nichts anderes heißt als: Das Kind ist in der Lage, in den Kindergarten zu gehen. Entsprechende Weiterentwicklung im sprachlichen und sozialen Bereich führen schließlich dazu, dass Sechsjährige die Schulfähigkeit erlangt haben sollten.

Neben diesen Entwicklungen durchläuft das Kind im psychischen Bereich verschiedene Phasen und erlangt dabei unterschiedliche Reifestufen. Diese zeigen sich darin, wie das Kind die Welt um sich herum erlebt, daher nenne ich diese einzelnen Entwicklungsstufen »Weltbilder«.

Wie ein Kind die Welt erlebt: Weltbilder

Wenn man sich Gedanken macht, wie die Psyche eines Kindes im Idealfall einmal aussehen sollte, so müsste das Ziel sein, dass der 20-jährige Mensch über eine altersangemessen ausgereifte, anderen gesunden Erwachsenen vergleichbare psychische Reife verfügt.

Als Psychiater, der sich in seiner täglichen Arbeit ausschließlich mit Störungen befasst, sind die individuellen, in der Hauptsache durch Vererbung erlangten Anteile der Psyche für mich weitestgehend zu vernachlässigen, sie spielen auch für die hier dargestellten Fehlentwicklungen keine Rolle. Die zentrale Frage, die für meine Arbeit von Belang ist, lautet: Welche formbaren Anteile der Psyche sind wichtig, damit der erwachsene Mensch selbstständig leben kann? Wie muss sich Psyche entwickeln, damit Menschen Beziehungen zu anderen Menschen leben können, damit sie erfolgreich arbeiten gehen können, oder auch, damit sie eigene Gefühle richtig einschätzen und entsprechend kontrollieren können.

Um das zu leisten, benötigt der Mensch im Wesentlichen zwei Anteile der Psyche: Zum einen sind das psychische Funktionen wie etwa Frustrationstoleranz, Gewissensinstanz, Arbeitshaltung oder auch Leistungsbereitschaft. Diese Funktionen müssen nach und nach ausgebildet werden, um einen optimalen Aufbau der Psyche zu gewährleisten. Zum anderen sind dafür Weltbilder nötig, also eine ganz bestimmte Art und Weise, wie wir die Welt um uns herum und unsere Position in ihr wahrnehmen und interpretieren.

In unserer westlich geprägten, christlich orientierten modernen Gesellschaft sieht das Weltbild im Wesentlichen so aus, dass wir uns als Individuen im Rahmen einer größeren Gesellschaft erfahren. Bevor sich dieses Weltbild beim erwachsenen Menschen etablieren kann, durchläuft ein Kind bei einer gesunden Entwicklung drei verschiedene Phasen, in denen sich sein Weltbild jeweils ändert: die orale, die anale und die magisch-ödipale Phase.

Die orale Phase

Die orale Phase hält von der Geburt bis zu einem Alter von etwa anderthalb bis zwei Jahren vor. In dieser Phase kann man das Weltbild des Kindes mit dem Satz »Ich bin, was ich bekomme« beschreiben. Diese Zeit ist jene, in der die sofortige Bedürfnisbefriedigung des Kindes eine zentrale Rolle spielt. Das noch sehr kleine Kind muss in der oralen Phase die Erfahrung machen, dass eine direkte Bezugsperson vorhanden ist, die dem Bedürfnis nach körperlicher Nähe und schnellem Stillen von Hunger und Durst nachkommt. So wird ein Neugeborenes im Allgemeinen, wenn es Hunger hat, nicht schreien, da es noch gar nicht sehen kann, ob die Objekte, die seinen Hunger stillen könnten, Mutterbrust oder Flasche, in der Nähe sind. Es fantasiert aber die Nähe der Brust und würde diese in der Regel durch die sofortige Befriedigung seines Bedürfnisses bestätigt bekommen, d.h., die Mutter würde sofort das Kind an die Brust anlegen und es stillen, bzw., falls das nicht möglich sein sollte, ihm die Flasche geben. Das typische Baby-Schreien setzt erst nach etwa vier bis sechs Wochen ein, wenn das Kind nicht mehr nur Hell und Dunkel unterscheidet, sondern sich in die Lage versetzt sieht, zu erkennen, ob die Nahrungsquelle sich in erreichbarer Nähe befindet oder nicht. Wenn die Brust oder die Flasche dann nicht vor Ort sind, ist der Schrei ein Ausdruck der Wut über diesen Zustand.

Wichtige Veränderungen entstehen in dieser Phase auch bei der Motorik des Kindes, es erschließt sich die Welt zunächst über das Krabbeln, dann über das beginnende Laufen. Durch die Erfahrung der immer »größer« werdenden Welt fängt das Kind an, sein eigenes Selbst vom Selbst des jeweiligen Gegenübers in der Umwelt zu unterscheiden. Es erfährt also »sich selbst«, und es erfährt »das andere Selbst«, bzw. schlicht und ergreifend die Existenz des anderen.

Nach der Beschreibung Sigmund Freuds fungiert beim Kind der Mund in dieser Zeit als erogene Zone, da es einen erheblichen Lustgewinn aus dem Saugen, Lutschen und Beißen bezieht. Letzteres kennzeichnet die späte orale Phase, da in dieser die ersten Zähne des Kindes kommen, so dass das Beißen eine wichtige Rolle spielt.

Die anale Phase

Die anale Phase findet gewöhnlich im Alter von zwei bis drei Jahren statt. Für das Weltbild des Kindes ist diese Phase gekennzeichnet durch den Satz »Ich bin, was ich behalte oder abgebe«. Übertragen auf das Verhalten des Kindes gegenüber seiner Umwelt bedeutet das nichts anderes, als dass das Kind in dieser Phase entdeckt, dass es sich selbst bestimmen kann und auch darüber bestimmt, ob es sich von außen bestimmen lässt. Ein Kind kommt also populär gesprochen in die »Trotzphase«, es versucht zunehmend, seinen Kopf durchzusetzen und den Erwachsenen dazu zu bringen, die Bedürfnisse des Kindes in jedem Fall zu befriedigen.

Die magisch-ödipale Phase

Bei Freud beschreibt die ödipale Phase ein frühes Stadium der genitalen Phase und gipfelt in der populären Beschreibung des so genannten Ödipuskomplexes, des Phänomens also, dass Kinder sich nun zum jeweils gegengeschlechtlichen Elternteil hingezogen fühlen. In der modernen Theorie kommt noch hinzu, dass Kinder durch die plötzlich eingetretene Konkurrenzsituation mit dem gleichgeschlechtlichen Elternteil vom ausschließlichen Bezug auf eine Person Abstand nehmen und sich zu diesem Zeitpunkt erstmals in das System Familie integrieren.

Die umfangreichen Studien Freuds führen an dieser Stelle zu weit, für meine These ist wichtig, dass Kinder in der magisch-ödipalen Phase, die im Alter von vier bis fünf Jahren eintritt, sich über den Satz »Ich bin, was ich mir vorstelle« definieren. Sie handeln also nach dem Motto »Ich baue mir die Welt so auf, wie ich sie brauche«. Kinder in diesem Alter leben folglich für Erwachsene unrealistische Fantasien aus, funktionieren etwa Gegenstände zu etwas um, was diese in jenem Moment für sie sein sollen.

Die Phasen, in denen diese kindlichen Weltbilder entstehen, werden bei einer gesunden psychischen Entwicklung des Kindes nacheinander durchlaufen, am Ende dieser Entwicklung ist es in der Lage zu erkennen, dass eine Eigenreaktion eine Gegenreaktion im Gegenüber auslösen kann. In Konflikten kann es beispielsweise nun Eigenanteile sehen und entsprechend handeln. Im klassischen Sinne ist das Kind damit schulreif. Das Kind kann diese Entwicklungsschritte nur nehmen, wenn sich die Eltern phasenspezifisch verhalten. Diese müssen also dafür sorgen, dass jede Phase abgeschlossen und in die nächste übergegangen werden kann. Dieser Vorgang beruht keineswegs auf Automatismen. Auch später, also nach dem sechsten Lebensjahr, schließen sich weitere Entwicklungsphasen an, bis schließlich, beginnend im späteren Jugendalter, unser Erwachsenenweltbild entsteht.

Diese die Entwicklung beschreibenden Bilder beziehen sich auf die Frage »Wie erlebe ich mich aus mir selbst heraus innerhalb dieser Welt?« Gleichzeitig entsteht jedoch in einem anderen Bereich der Psyche eine weitere Sichtweise, die auf die Frage antwortet »Wie erlebe ich diese Welt als solche?«

Sobald das Kind krabbelt und läuft, untersucht es alles in seinem Umfeld auf Funktionen hin, etwa durch Ertasten, Befühlen oder Belecken. Ein Stuhl beispielsweise wird zunächst als zum Schieben geeignet erkannt, danach als Klettergerät. Die Funktion als Sitzmöbel wird von einem Kleinkind erst sehr spät wahrgenommen.

Auch die Bezugspersonen um das Kind herum werden entsprechend untersucht. Dabei unterliegt das Kind in der frühkindlich-narzisstischen Phase vom zehnten bis zum sechzehnten Lebensmonat der Vorstellung, es könne alles und jeden steuern und bestimmen, genieße also absolute Autonomie.

Bis zum dritten Lebensjahr wird dann in weiteren Schritten die Entdeckung gemacht, dass sowohl Kind als auch Erwachsener eigenständige Personen sind. Das Kind kann nun auch erkennen, dass ein Erwachsener größer, stärker und mächtiger ist. Von diesem Zeitpunkt an reagiert das Kleinkind in Konflikten auf den Erwachsenen, klassisch ausgedrückt: »es hört«. Mit Abschluss dieser Phase ist die Kindergartenreife erlangt, und das Kind reagiert auf pädagogische Interventionen des Erwachsenen.

Die Situation, wie sie sich mir in meiner täglichen Arbeit mittlerweile darstellt, zeigt, dass wir auf dem besten Wege sind, immer weniger Kinder hervorzubringen, die eine kindgerechte Entwicklung durchlaufen können. Zusätzlich muss ich feststellen, dass immer weniger Kinder in ausreichendem Maße psychische Funktionen gebildet haben. Die Folge: In den letzten 15 Jahren lässt sich eine enorme Zunahme an Störfeldern im Kinder- und Jugendalter feststellen, die Auffälligkeiten, mit denen Kinder mir vorgestellt werden, könnten kaum vielfältiger sein.

So haben wir etwa diverse Schwierigkeiten im motorischen Bereich. Es können keine koordinierten Bewegungen ausgeführt werden, besonders die feinmotorischen Bewegungen, wie sie etwa für das Schreiben unerlässlich sind, sind oft vollkommen unterentwickelt. Um eine Vorstellung vom Ausmaß dieser Störung zu bekommen, muss man sich nur vor Augen halten, dass vor 15 Jahren die Störung der Motorik im Kleinkindesalter etwa bei 20 Prozent der Kinder zu sehen war. Heute ist die Schallmauer von 50 Prozent längst durchbrochen, Tendenz steigend.

Das führt in der Folge zu absurd erscheinenden Auswüchsen. So ist mir ein Kindergarten bekannt, der bis vor einigen Jahren mit den Kindern gerne einen Ausflug zum städtischen Botanischen Garten machte. Dieser Ausflug könne, so teilte mir der Leiter des Kindergartens mit, seit einiger Zeit nicht mehr angeboten werden, weil der Großteil der Kinder nicht mehr in der Lage sei, die Strecke zwischen Kindergarten und Botanischem Garten von etwa einem Kilometer Länge zu bewältigen. Die Kinder klagten dann über Beinschmerzen, es sei ihnen also nicht mehr zuzumuten. Solche Nachrichten sind als absolut alarmierend einzustufen, und zwar nicht nur die motorischen Störungen der Kinder betreffend, sondern auch hinsichtlich der Selbstverständlichkeit, mit der dieser Vorgang vom Personal des Kindergartens als offensichtlich normal hingenommen wird.

Weiterhin sind enorme Defizite im Bereich der Wahrnehmung zu beobachten. Reize des Gehirns, die durch Hören, Sehen oder Fühlen entstanden sind, können dabei nicht in andere Bereiche des Gehirns umgesetzt werden, wie es etwa nötig wäre, um ein von einer Tafel abgelesenes Wort anschließend mit der entsprechenden Feinmotorik schriftlich in ein Heft zu übertragen.

Auch die Störungen im Bereich der sprachlichen Entwicklung sind enorm. So sind Kinder im Alter von fünf Jahren heute in hohem Maße auf einer Sprachstufe stehengeblieben, die es ihnen kaum erlaubt, elementare Bedürfnisse verständlich zu artikulieren. Grammatikalische Besonderheiten scheinen weitgehend unbekannt, Buchstaben werden falsch ausgesprochen, das Hervorbringen vollständiger Sätze ist zur Seltenheit geworden. Dazu kommen Störungen wie Lispeln und Stottern, die die Kinder in ihrem sozialen Umfeld der Gefahr einer Isolation aussetzen. Die Sprachstörung des einen Kindes und die Defizite im Sozialverhalten bei anderen können hier bisweilen in unseliger Art und Weise aufeinandertreffen. Hänseleien, Ausgrenzung, körperliche Gewalt und weitergehende psychische Schädigungen können die Folge sein.

Während solche sprachlichen Defizite früher in meiner Praxis zu den Ausnahmen gehörten, sind sie heute zur Regel geworden. Bedenkt man dann Untersuchungen, die gezeigt haben, dass ein fünfjähriges Kind prinzipiell in der Lage ist, nach einem Umzug in ein fremdes Land die neue Sprache innerhalb eines halben Jahres akzentfrei zu sprechen, wird die Dramatik dieser Entwicklungen zusätzlich bewusst.

Neben den genannten Entwicklungsverzögerungen ist besonders auch das Feld der Sauberkeitserziehung markant, weil es mit der Fähigkeit, die Körperausscheidungen zu kontrollieren, einen wichtigen Bestandteil kindlicher Entwicklung beinhaltet. Würde ein Kindergarten es heute noch als wirklich relevant erachten, dass neue Kinder trocken sind, hätte er wohl ein ernsthaftes Akzeptanzproblem.

Im Schulalter kommen schließlich Schwierigkeiten im Lern- und Leistungsverhalten hinzu. Bereits Grundschüler sind notorisch unaufmerksam und haben enorme Schwierigkeiten, sich auch nur kurze Zeit auf eine gestellte Aufgabe zu konzentrieren und sich Lerninhalte über einen längeren Zeitraum hinweg zu merken und in anderem Kontext wieder anzuwenden.

Das Sozialverhalten vieler Kinder ist hochproblematisch. Sie sind in ihrer Umgebung wirklich kleine Tyrannen, sie treten Gleichaltrigen gegenüber körperlich und verbal extrem aggressiv auf und sind nicht einmal ansatzweise in der Lage, sich in eine Gruppe zu integrieren.

Doch nicht nur gegenüber anderen Kindern und Jugendlichen zeigen diese Kinder problematisches Verhalten, auch die eigenen Eltern und Großeltern sowie ständig in die Erziehung eingebundene Personen wie Erzieherinnen oder Lehrer stellen für sie keine Begrenzung ihres Egoismus dar. Um zu zeigen, welche konkreten Auswirkungen das haben kann, will ich hier den Fall von Claudia präsentieren, Tochter einer Familie in geordneten Verhältnissen. Sie geht seit knapp zwei Jahren in einen Kindergarten in der Nähe der elterlichen Wohnung.

Claudia

Claudia ist fünf Jahre alt, sie wird in der Regel von ihrer Mutter morgens in den Städtischen Kindergarten gebracht und mittags wieder abgeholt.

Eines Tages spielt sich folgendes Szenario ab: Claudias Mutter kommt mittags zum Kindergarten, um ihre Tochter zu holen. Ihr erster Weg führt zur Erzieherin, um sich zu erkundigen, ob sie rechtzeitig da sei. Claudia hat sich nämlich bereits zweimal beim Kindergarten-Personal über zu spätes Abholen beschwert. Doch die Erzieherin kann die Mutter beruhigen: Claudia befindet sich noch im Gruppenraum, aus dieser Richtung droht also kein Ungemach.

Die Tür öffnet sich, Claudia kommt als eines der ersten Kinder aus dem Gruppenraum gestürzt und entdeckt sofort zu ihrer erkennbaren Freude, dass ihre Mutter bereits eingetroffen ist. Sofort entspinnt sich ein Spiel: Claudia läuft auf die Mutter zu und hält ihr den ausgestreckten Arm entgegen, um ihr damit einen imaginären Muffin zu servieren, den sie nach stolzem Bekunden extra für die Mama gebacken hat.

Die Mutter geht auf das Spiel ihrer Tochter ein, bückt sich zu ihr nach unten, bedankt sich für den schönen, leckeren Muffin und … beißt rein. Diese Handlung hat dramatische Auswirkungen: Claudia ist einem Schock nahe, denn der

Biss in den Muffin gehörte nicht zu ihrem Plan vom Ablauf des Spiels, sie hatte vielmehr ihrer Mutter das Gebäck geben wollen, damit diese es gemütlich daheim vertilgt. Die Reaktion des Kindes hat es in sich: Claudia beginnt nicht nur zu weinen, sie wirft sich gleichzeitig auf den Boden und ruft immer wieder laut, die Mutter habe doch den Muffin auf keinen Fall bereits jetzt anbeißen dürfen.

Das Kind ist etwa 15 Minuten lang nicht ansprechbar, übertönt Beschwichtigungsversuche mit lautem Schluchzen und wehrt sich gegen körperliche Annäherung durch Strampeln und Schlagen. Dann hat die Mutter die rettende Idee: Sie kann Claudia glaubhaft machen, dass sie ja nur einmal in das Gebäckstück gebissen habe und folglich den Rest noch in Händen halte. Also könne man diesen ja mit nach Hause nehmen, und zu einem von Claudia festzulegenden Zeitpunkt werde der Muffin dann gegessen.

Das Kind akzeptiert zwar diesen Vorschlag, nicht jedoch ohne die Mutter darauf hinzuweisen, dass so etwas aber keinesfalls noch einmal vorkommen dürfe. Als Mutter und Tochter den Kindergarten schließlich verlassen, trägt die Mama sowohl den Rucksack als auch die Jacke ihrer Tochter. Und natürlich auch den imaginären Muffin!

Der Fall zeigt, wie die Mutter sich von ihrer fünfjährigen Tochter instrumentalisieren lässt. Claudia ist auf den ersten Blick kein unterentwickeltes Kind, die Idee mit dem imaginären Muffin zeugt von Fantasie und Lust am Spiel, wie es für eine Fünfjährige normal ist.

Das Problem besteht in Claudias Reaktion auf die unerwartete Handlungsweise ihrer Mutter. Dass diese ungewollt das Spiel nicht im Sinne Claudias mitmacht, führt automatisch zu einem Frustrationserlebnis für das Kind: Die Erwartung, dass der Muffin nur bewundert und nicht angebissen werde, hat sich jäh zerschlagen.

Bei einer normalen psychischen Entwicklung eines fünfjährigen Kindes müsste Claudia in der Lage sein, trotz des ersten spontanen Ärgers mit der Situation umzugehen und zu erkennen, dass eine so extreme Reaktion, wie sie sie zeigt, überzogen ist. Möglich wäre diese normale Reaktion jedoch nur dann, wenn Claudia ihre Mutter als natürliche Autorität wahrnehmen und anerkennen würde. Sie würde dann den Versuch unterlassen, ihre Mutter durch ihr widerspenstiges Verhalten zu bestimmen und die Entschuldigung der Mutter zu provozieren. Wichtig wäre, dass das Kind die Mutter als Begrenzung des eigenen Ichs erfahren würde, denn nur dadurch bilden sich psychische Funktionen heraus, die es möglich machen, später auch andere Autoritäten neben Mutter und Vater als lebensbestimmend anzunehmen.

Die Handlungsweise der Mutter zeigt gleich mehrere Auffälligkeiten, die die Psyche ihrer Tochter in die falsche Richtung beeinflussen. Das beginnt bereits bei der Nachfrage, ob sie rechtzeitig vor Ort sei, nachdem Claudia sich offensichtlich gegenüber der Erzieherin und/oder der Mutter beschwert hat, sie werde zu spät abgeholt. Claudia müsste normalerweise akzeptieren, dass nicht sie, sondern ihre Mutter den Zeitpunkt festlegt, zu dem diese im Kindergarten erscheint. Die Mutter jedoch gesteht Claudia zu, darüber zu urteilen, wann der richtige Zeitpunkt fürs Abholen gekommen sei. Sie begibt sich damit in der Überzeugung, Claudia ein Mitbestimmungsrecht gewähren zu müssen, in Abhängigkeit von ihrer Tochter. Was läuft falsch? Ist es nicht ein aufgeklärtes und pädagogisch richtiges Verhalten, dem Kind diese Entscheidungs- und damit auch Kritikbefugnis zu geben? Die heute vorherrschende Meinung würde diese Fragen mit »Ja« beantworten und somit sowohl Kind als auch Mutter aus der Verantwortung für das Fehlverhalten entlassen.

Es handelt sich nämlich um ein Fehlverhalten. Claudias Psyche ist im Alter von fünf Jahren nicht ausgereift. Um in späteren Lebensabschnitten ein Gefühl dafür zu haben, wann jemand pünktlich oder verspätet erscheint (etwa zu einer Verabredung), muss ihr psychisches Empfinden trainiert werden. Das funktioniert jedoch nur auf eine Weise, nämlich indem die Mutter ihr vorgibt, wann »rechtzeitig« und wann »zu spät« ist. Claudia folgt in ihrem Alter lediglich einem Lustimpuls, der heute diesen und morgen jenen Zeitpunkt als »richtigen« Zeitpunkt beurteilt. Erst durch den Widerstand der Mutter, die den Termin kennt und einhält, lernt sie, diesen Zeitpunkt selbst objektiv zu bestimmen.

Was im ersten Moment belanglos klingen mag, spielt in späteren Jahren eine nicht zu unterschätzende Rolle. Situationen wie diese sind wichtig, um Primärtugenden einzuüben, ohne die später ein harmonisches Zusammenleben innerhalb der Gesellschaft kaum möglich ist. Unpünktlichkeit erscheint uns heute bisweilen als fast liebenswerte Eigenschaft von nicht so sehr ordnungsbegabten Menschen. Während dies im privaten Bereich gerade noch gelten mag, auch, wenn es häufig sehr ärgerlich ist, ist nicht von der Hand zu weisen, dass es im Beruf zu durchaus ernsten Komplikationen kommen kann. Die Psyche jedoch unterscheidet nicht zwischen Berufs- und Privatleben. Psychisch betrachtet erwächst Unpünktlichkeit (und damit die bisweilen handfesten Nachteile im wirklichen Leben) aus Situationen, wie Claudia und ihre Mutter sie in unserem Beispiel vorexerzieren.

Doch schauen wir uns die »Muffin-Szene« noch ein wenig näher an. Auch diese enthält viele kleine Details, die in ihrer Gesamtwirkung eine positive Weiterbildung der kindlichen Psyche behindern. Claudias Idee mit dem imaginären Muffin zeugt von lebendiger Fantasie und gesundem Spieltrieb. Ihre Reaktion auf die unerwartete Handlung der Mutter ist jedoch Zeichen nicht ausreichend gebildeter psychischer Funktionen. Das besorgniserregende Moment an dieser Feststellung ist jedoch nicht das Fehlen der Funktionen, sondern die durch die Reaktion der Mutter bedingte fehlende Möglichkeit für das Kind, diese Funktion einzuüben. Claudias Mutter begegnet der Situation zunächst argumentativ. Sie redet beschwichtigend auf das Kind ein, versucht, verbal eine Lösung herbeizuführen. Da das Kind darauf negativ mit einer auf sich selbst bezogenen Handlung, lautem Schluchzen, reagiert, scheint der Versuch einer körperlichen Annäherung, um auf mütterliche Weise Trost zu spenden, richtig zu sein. Das Ergebnis sind Abwehrmechanismen in Form von Schlägen.

Claudia lernt aus dieser ganzen, 15 Minuten dauernden Szene, dass sie die Mutter in ihrer Handlungsweise bestimmen kann. Sie nimmt ihr das Heft des Handelns aus der Hand und lässt sie nach dem Prinzip von »trial and error« an der langen Leine zappeln, bis sie den Vorschlag, den »Muffin« mit nach Hause zu nehmen, für gut genug befindet, um sich abzuregen. Höhepunkte ihrer ichbezogenen Handlungsweise sind dann noch einmal die Selbstverständlichkeit, mit der sie sich von ihrer Mutter aufhelfen lässt, obwohl sie sich selbst auf den Boden geschmissen hat, und die Zurechtweisung, dass solch eine Situation nicht noch einmal passieren dürfe. Vor allem Letzteres stellt das Mutter-Kind-Verhältnis komplett auf den Kopf: Claudia wird zur Erzieherin ihrer Mutter.

Normalerweise wäre die Situation geeignet, um psychische Funktionen wie etwa die Frustrationstoleranz bei Claudia zu trainieren. Sie müsste das Verhalten ihrer Mutter als natürliche Grenze ihres Frustes erfahren, was jedoch nur möglich wäre, wenn die Mutter autonom handelte. Da sie sich aber nach ihrem Kind ausrichtet und auf dessen Verhalten reagiert, ist es Claudia nicht möglich zu lernen, dass sie die erlebte Frustration aushalten und angemessen darauf reagieren muss.

Kein Einzelfall

Claudia ist kein Einzelfall. Kinder wie sie sehe ich in meiner Praxis täglich, die Zunahme besorgniserregender Fälle ist so signifikant, dass sich in den kommenden Jahren die Auswirkungen in unserem gesellschaftlichen Zusammenleben in erheblichem Maße zeigen werden. Ich werde in mehreren Fallbeispielen immer wieder illustrieren, welche Fehlentwicklungen Kinder und Jugendliche heute zeigen und warum wir diesen mit pädagogischen Konzepten und therapeutischen Bemühungen nur unzureichend Herr werden können.

Um das Ausmaß der Fehlentwicklungen zu begreifen, ist es auch wichtig, sich vor Augen zu halten, dass wir es mit einer stark veränderten Situation zu tun haben: Vergleiche ich die mir heute vorgestellten Kinder mit denen vor 20 Jahren, so ist eindeutig festzustellen, dass diese Kinder nicht mehr länger »nur« Einzelstörungen aufweisen, sondern überwiegend in mehreren Bereichen gleichzeitig gestört sind. Was das in der Realität heißt, zeigt sich an Tests, wie sie kürzlich ein mir bekannter Schulleiter an seiner Grundschule durchgeführt hat. Dort werden die Schulneulinge vor Beginn des neuen Schuljahres auf Auffälligkeiten geprüft. Die Ergebnisse dieser Überprüfung zeigen Übersichtstabellen. Auf der folgenden Seite ist eine solche Übersichtstabelle beispielhaft aufgeführt.

Übersicht über das Ergebnis des Unterrichtsspiels bei der Anmeldung im Herbst des Vorjahres (2006)

Klasse 1x X entspricht starken Auffälligkeiten ● entspricht geringen Auffälligkeiten

Kind	Feinmotorik	Wahrnehmung	Logik/ Lernen	Mathematik	Grobmotorik	Sprache	Arbeits- und Sozialverhalten	Anzahl der gravierend auffälligen Bereiche	Beratungsgespräch erfolgt	Beratungsgespräch empfohlen nicht erfolgt
M1		X						1		
M2	X	X	X		X	X		5		
M3		X	●					1		
M4	X	X	X	●		X	X	5		X
M5	X	X			X			3		
M6	X	X	X	X	X	X	X	7		X
M7	X		X			X		3		
M8	X	X	X	●	X	X		5		
M9		X	X		X			3		
M10								0		
M11								0		
J1								0		
J2	X	X	X	X	X		X	6	X	
J3		X	●		X			2		
J4	X	X	X	X		X		5		
J5	●		X					1		
J6	X	X	X	X	X			5		
J7	X	X					X	3		
J8	X	X	X		X	X		5		
J9	X	X			●			2		
J10	X							1		
J11	X				X			2		
J12	●		●					0		
J13	X	●	X			X	X	4		
J14								0		

Aus dieser Darstellung ist das angesprochene große Problem deutlich sichtbar. Insgesamt handelt es sich um drei Klassen. Die exemplarisch abgebildete Tabelle zeigt dabei das Ergebnis von Klasse 1x. Lediglich vier von 25 Schülern der Klassen 1x und 1z (drei von 23 bei Klasse 1y) weisen überhaupt keine Störung auf, eine isolierte Störung kommt bei weiteren vier Kindern in der 1x (acht in der 1z bzw. drei in der 1y) vor. Alle anderen Schüler sind in mehreren Bereichen auffällig, selbst die Höchstzahl von sieben Störungen wird von zwei Schülern erreicht. 47 von 73 Schülern in den drei Klassen weisen mehr als eine Störung auf, das entspricht einer Quote von 64 Prozent, also nahezu zwei Drittel aller Schüler. Das Ergebnis des Tests braucht an dieser Stelle nicht im Einzelnen ausinterpretiert werden, auffällig ist jedoch etwa die Häufung von »starken Auffälligkeiten« im Bereich Wahrnehmung. Hier ist in allen drei Klassen fast durchgängig eine Störung festzustellen. Die Auswirkungen auf das Unterrichtsverhalten der Schüler sind leicht vorstellbar, ein geordneter Unterrichtsverlauf, der vorwiegend der Wissensvermittlung dienen kann, ist nach diesem Testergebnis quasi von vornherein auszuschließen.

Übrigens kann ein Lehrer an seiner eigenen Schule ganz leicht überprüfen, ob es sich bei den gestörten Kindern um ein Einzelphänomen oder eben doch mittlerweile um die große Masse der Schüler handelt. Dazu braucht er nur am Beginn der Stunde vor die Klasse zu treten und die Schüler aufzufordern, ein bestimmtes Buch herauszuholen. Die Reaktion der Klasse wird Bände sprechen und den vorgenannten Eindruck bestätigen. Kaum ein Kind wird dieser einfachen und klar verständlichen Aufforderung sofort Folge leisten, es wird für die meisten mindestens eine zweite oder auch eine dritte Bitte notwendig sein. Und manche Kinder werden das Buch eben gar nicht aus ihrer Tasche holen.

Es sind nicht nur die Lehrer der Grundschule aus den eben beschriebenen Beispielen, die vor diesen Problemen mit den Kindern stehen. Die Störungen wirken sich auf das gesamte soziale Leben der Kinder aus, sowohl im privaten als auch im gesellschaftlichen Bereich. Noch vor einigen Jahren hätte dieses Buch nicht geschrieben werden können, da die hier beschriebenen Entwicklungen nicht als pathologisch erkannt, sondern als Folge normaler und wünschenswerter Erziehung der Kinder zu selbstständigen Individuen hingenommen worden wären. Anders gesagt: Claudias Verhalten wäre in weiten Kreisen als Zeichen gewertet worden, dass das Kind selbstbewusst gegen die Erwachsenenwelt zu rebellieren versucht, die Tendenz zur Fremdbestimmung der Mutter durch ihr fünfjähriges Kind wäre demgegenüber in den Hintergrund gerückt und als unwichtig erachtet worden.

Die Grundlagen für diese Entwicklung sind in den Erziehungskonzepten der siebziger und achtziger Jahre zu sehen, die ausgehend von den theoretischen Gesellschaftskonzepten der 68er-Generation ihre Hauptaufgabe in einem Schleifen des Autoritätsbegriffes sahen. Erziehung im Sinne von Leiten und Führen galt als höchst verdächtig, in zu hohem Maße schien die Kriegsgeneration Erziehungskonzepte aus der faschistischen Zeit in die Nachkriegszeit hinübergerettet und diese weiter angewendet zu haben.

Es soll an dieser Stelle nicht ausführlich diskutiert werden, was an den pädagogischen Ideen der 68er segensvoll und was eher unheilstiftend gewesen ist, für beides ließen sich lange Listen an Beispielen finden. Wichtig ist aber, sich deutlich zu machen, dass sich in den Köpfen der Erziehungsberechtigten ein Weltbild durchsetzte, das den einzelnen Menschen in seiner Individualität aus dem Bezugssystem Gesellschaft herausnahm und ihm nahezu unbegrenzte Möglichkeiten der Selbstverwirklichung zugestehen wollte. Kinder sollten nicht mehr von den Erwachsenen gesagt bekommen, was für sie gut und was schlecht sein könnte, das wurde vielfach als unzulässige Indoktrination interpretiert. Stattdessen sollten sie sich frei entwickeln, Erfahrungen sammeln, sich möglichst wenig von der Erwachsenenwelt beeinflussen lassen und auf diese Weise zu selbstbestimmten, freien Individuen heranwachsen.

Mittlerweile sind die 68er aus dem Revoluzzeralter heraus, haben ihre Kinder großgezogen und sind seit Jahrzehnten in ihren Berufen tätig, viele davon als Firmeninhaber oder Führungskräfte in Unternehmen mit Aufgaben der Personalauswahl und Personalführung beschäftigt. Und plötzlich merken sie, was die Geister, die sie riefen, angerichtet haben.

Das Imperium schlägt zurück

Ich spreche heute häufig mit Inhabern etwa von Handwerksbetrieben oder auch Einzelhandelsgeschäften, die händeringend nach Auszubildenden suchen, mit denen sie die Fortführung ihres Betriebes für die nächsten Jahre sichern können. Indes: Die Suche gleicht der nach der sprichwörtlichen Nadel im Heuhaufen. In Internetforen wie www.foraus.de klagen Verantwortliche für Ausbildung in unterschiedlichsten Betrieben ihr Leid im Umgang mit den Azubis, die Parallelen zu den hier im Buch vorgestellten Fallbeispielen sind so offensichtlich wie frappierend. Die kindlichen Fehlentwicklungen schlagen im Verhalten der Jugendlichen als Auszubildende voll durch und sind die Hauptursache für das heute beklagte Phänomen der fehlenden Ausbildungsfähigkeit der Schulabgänger.

Wie extrem dieses Problem mittlerweile geworden ist, war erst kürzlich dem Interview mit einem leitenden Mitglied eines norddeutschen IHK-Bezirkes zu entnehmen, das die

Frage, worüber Betriebe am meisten klagten, eindeutig mit der mangelnden Ausbildungsreife der Schulabgänger beantwortete. Mit dem Verweis auf eine Quote von heute 25–30 Prozent nicht ausbildungsfähiger Abgänger konnte auch zahlenmäßig das Problem eindringlich dargestellt werden. Gerade auch, so hieß es in dem Interview weiter, vor dem Hintergrund der demografischen Entwicklung seien diese Zahlen dramatisch.

Bei Vorträgen vor Meistern von Betrieben etwa erfahre ich statt befürchteten Unverständnisses ob meiner ungewohnten Thesen sehr viel Zustimmung und sogar so etwas wie einen »Aha-Effekt«. Denn das Phänomen der Jugendlichen, die kaum in der Lage sind, ihre Berufsausbildung bis zum Ende durchzustehen (geschweige denn, hinterher Jahre oder Jahrzehnte im Job zu verbringen), ist fast jedem Betriebsinhaber oder Ausbildungsverantwortlichen wohlbekannt.

So berichtete mir der Inhaber einer Autowerkstatt kürzlich von seinem Azubi, der aufgefordert wurde, eine bestimmte Zange zu holen, um einen Reparaturvorgang auszuführen. Der Azubi zeigte sich dazu jedoch nicht in der Lage, er wirkte, als habe er die einfache Anweisung gar nicht verstanden, fragte nach, was er denn nun genau holen solle, und trieb diese Situation so weit, dass schließlich ein anderer Mitarbeiter die Zange herbeischaffte. An solchen Beispielen wird deutlich, dass es ein offensichtliches Problem in der Kommunikation mit jungen Menschen gibt. Die Sprache des menschlichen Gegenübers mag die gleiche sein, verstanden wird sie trotzdem nicht.

Die in der kindlichen Entwicklung liegenden Ursachen, die dieser mehr als besorgniserregenden Entwicklung zugrunde liegen, blieben gleichwohl bisher im Verborgenen, ungeachtet einer Vielzahl an pädagogischen Konzepten, wie der »Unlust« der jungen Leute beizukommen sei.

Verantwortlich für diese totale Finsternis bei der Suche nach den Gründen ist beim Umgang mit dem Phänomen ein Verbleiben bei althergebrachten Behandlungsmustern und Vorgehensweisen sowie das Anpassen der Beschreibungsmuster von Störungen an die jeweils vorherrschende äußere Realität im Zustand der jugendlichen Patienten von Ärzten und Therapeuten.

Das mag auf den ersten Blick einigermaßen kryptisch klingen, ist aber bei eingehenderer Betrachtung zwingend logisch und einsichtig. Die gegenwärtige Diskussion krankt nicht zuletzt an einem ganz zentralen Punkt. Die Fehlentwicklung, mit medientauglichen Spitzen wie Amokläufen als weithin sichtbare Garnierung, steht im Mittelpunkt des Interesses. Die Gesellschaft glaubt immer noch, ein Gefühl dafür zu haben, was »normal« ist, wie sich gesund entwickelte Menschen, und damit auch Kinder und Jugendliche, verhalten. Ein Blick auf die aktuelle Lage zeigt, dass es sich hier um einen Irrglauben handelt.

Wer sich die Entwicklung der letzten Jahre genauer anschaut, muss feststellen, dass wir es mit einer massiven Verschiebung aller Maßstäbe zu tun haben, die wir an die Entwicklung von Menschen anlegen. Was normal ist und was nicht, unterliegt einem ständigen Beurteilungswandel. Das Fatale daran ist, dass wir es hier mit einer stetigen Abwärtsbewegung zu tun haben. Das heißt nichts anderes, als dass die Maßstäbe immer weiter nach unten angepasst werden. Galt es vor zwanzig Jahren noch als normal, dass ein dreijähriges Kind, das in den Kindergarten kommen soll, seine Körperausscheidungen kontrollieren kann, also trocken ist, so wird heute bei der Vorbesichtigung eines Kindergartens durch die Eltern dieses Thema kaum noch angesprochen. Sowohl Eltern als auch Erzieher stimmen stillschweigend darin überein, dass das Kind sehr wohl in den Kindergarten kommen könne, wenn es weder tagsüber noch nachts auf die Windel verzichten kann. Einzig bei altgedienten Erzieherinnen ist manchmal ein leichtes Unbehagen zu bemerken, wenn dieses Thema angesprochen wird, doch auch diese haben sich den heute geltenden Gegebenheiten angepasst, anders gesagt: Sie haben vor dem gesellschaftlichen Druck kapituliert. Das gilt natürlich nicht nur für das Thema »trocken oder nicht trocken«, sondern auch für anderes, beispielsweise die Fähigkeit, auf Aufforderungen zu reagieren, etwa beim Aufräumen.

Wenn ein Kind zu mir in die Praxis kommt, hat sich aus gutem Grund mein Einstieg in das Gespräch mit Eltern und Kind in den letzten zwanzig Jahren nicht verändert. Ich stelle die gleichen Fragen, lege die gleichen Verhaltensweisen an den Tag wie zu Beginn meiner Tätigkeit als Kinderpsychiater. Damit sind die Reaktionen von Kindern und Eltern über die ganze Zeit hinweg vergleichbar. Was das hinsichtlich meiner konkreten Tätigkeit bedeutet, lässt sich kurz skizzieren.

Ich befasse mich mit Kindern und Jugendlichen, die für die Eltern oder auch Lehrer und Erzieher besorgniserregende Auffälligkeiten zeigen, d.h., diese weichen nach allgemeiner Meinung von der alterstypischen Norm ab. Die Voraussetzung für eine erfolgreiche Behandlung der Kinder liegt zunächst in einer umfangreichen diagnostischen Einschätzung. Hierzu zählt eine Ganzkörperuntersuchung zum Ausschluss einer nicht-psychisch bedingten Erkrankung. Im Rahmen einer neurologischen Untersuchung werden etwa die Nervenleistung und der Bewegungsablauf beurteilt. Nach diesem Einstieg komme ich dann zur psychiatrischen Einschätzung des Kindes, die auf verschiedene Erkenntnisse aus ist. So prüfen wir Beziehungsfähigkeit, Gefühlslage, Denkleistungen oder Bewusstseinslagen. Außerdem stehen anerkannte Tests zur Beurteilung der Intelligenzleistung zur nigen auf die gesunde Form verstellt. Während die Symptome behandelt werden, lässt man die Ursachen im Dunkeln. Der Grund dafür liegt in einer Verwechslung, die das Symptom zur Ursache für die Störung werden lässt.

Zudem ist auch im Bereich der Diagnose und Therapie leider festzustellen, dass sich die Maßstäbe verschoben haben. Was früher als pathologisch und somit behandlungsbedürftig erkannt worden wäre, hat heute zum Teil den Status des Normalen angenommen. Das funktioniert nach dem Mehrheitsprinzip: Je mehr Kinder eine bisher als Fehlentwicklung diagnostizierte Störung zeigen, desto eher wird diese Störung schleichend als weniger schlimm, akzeptabel und irgendwann als normales Verhalten empfunden. Die Analyseinstrumente vieler Experten passen sich in der Folge dieser Entwicklung an und erfassen damit viele bedenkliche Phänomene gar nicht mehr.

Um Beispiele für diese Wahrnehmungsveränderung zu finden, braucht man nicht lange zu suchen, sondern muss sich nur mal in eine normale Unterrichtsstunde einer Schulklasse an einem deutschen Gymnasium setzen. Der ständige Geräuschpegel, der dort herrscht, wäre früher undenkbar gewesen und macht im Grunde ein geregeltes Unterrichtsgespräch so gut wie unmöglich. Irgendein Kind redet immer während des Unterrichts, hört Musik oder macht andere geräuscherzeugende Dinge, die mit dem Unterricht rein gar nichts zu tun haben. Selbst wenn das unterschwellig noch als unangenehm empfunden wird, gilt es zumindest als eine hinzunehmende, insofern also »normale« Entwicklung.

In einer Studie der Universität Passau wurden vor einiger Zeit Auswirkungen zu großer Klassenstärken genau untersucht. Dass der Lärmpegel innerhalb der Klasse dabei eine wesentliche Rolle spielte, kann man sich vorstellen. Interessant war aber zudem, dass Fritz Haselbeck, Pädagoge, Didaktik-Dozent und Verantwortlicher für die Studie, in einem Interview mit der Süddeutschen Zeitung keineswegs ausschließlich auf das Problem der zu großen Klassen verwies, sondern zusätzlich unter anderem die grundsätzlichen Probleme in der Konzentrationsfähigkeit der Schüler ansprach (für die eine zu große Klassenstärke eine zusätzliche Schwierigkeit darstellt). Des Weiteren verweist er in einer wichtigen Interviewpassage auf eine Tatsache, die für die in diesem Buch dargestellten Phänomene entscheidend ist. Auf die Frage der Interviewerin, warum große Klassen in den 60er-Jahren keine vergleichbaren Probleme erzeugt hätten, antwortet Haselbeck mit einem Verweis auf die »grundlegende Änderung der gesamten Schulsituation«. Zudem, so der Wissenschaftler, seien Kinder heute »unruhiger und mehr egozentrisch ausgerichtet«. Notwendig seien »neue Wertbezüge und Lerninhalte, die [...] in einer unsicheren Welt Orientierung bieten«.

Bezogen auf die angesprochene Tatsache einer Neubewertung problematischer Verhaltensweisen ist der Hinweis auf die Änderung der Schulsituation interessant – heißt dies doch nichts anderes, als dass nicht nur der erhöhte Lärmpegel heute als normal gilt, sondern auch Ansätze von Vandalismus, Renitenz der Schüler und ein insgesamt niedrigeres Niveau der Allgemeinbildung.

Schule, so kann man daraus schließen und in der Realität auch entsprechende Beobachtungen machen, ist in Gefahr, sich nur noch auf die veränderte Situation einzustellen, sich auszurichten nach den Anforderungen des veränderten Schülerverhaltens. Die Messlatten bei Leistungsanforderungen und sozialem Verhalten werden verändert, und zwar im Sinne einer ständigen Anpassung nach unten. Das wird jedoch nicht auf einer Schulkonferenz beschlossen und anschließend freudestrahlend verkündet, sondern es geschieht schleichend, kaum merkbar nach außen, wenn man nicht das große Ganze betrachtet, sondern nur im Moment lebt, so wie es bei den meisten Menschen heute der Fall ist. Für die Kinder liegt darin eine große Gefahr, und die Eltern bekommen es nicht mit. Somit hat weder das Kind eine altersadäquate Förderung und Forderung, noch gibt es für die Eltern eine realistische Messlatte und Orientierung; es wiegen sich letztlich alle in Sicherheit und in der Gewissheit, es sei alles in bester Ordnung.

Interview mit einer Betroffenen – Wie Lehrer Schule heute erleben

Was sich allein in den letzten Jahren in den Schulen getan hat, erlebt naturgemäß keiner so sehr am eigenen Leibe wie die Lehrer, die im täglichen Einsatz mittlerweile oft ihre psychische und physische Gesundheit aufs Spiel setzen müssen. Im Interview erzählt Susanna Möller, Lehrerin an einer Haupt- und Realschule, von ihren Beobachtungen:

Wie hat sich das Verhalten der Schüler aus Ihrer Sicht in den letzten Jahren entwickelt?
Na ja, auch wenn ich sagen würde, dass der Großteil meiner Schüler schon noch als normal zu bezeichnen ist, so kann ich doch auch nicht leugnen, dass die Auffälligkeiten stark zugenommen haben.

Welche Auffälligkeiten sind das vor allem?
Extrem sind etwa die Konzentrationsschwierigkeiten, damit einhergehend die unwahrscheinliche Zappeligkeit der Kinder. Vielen fällt es schwer, ja, scheint es quasi unmöglich zu

sein, auch nur für kurze Zeit ruhig an ihrem Platz zu sitzen und dem Unterricht zu folgen, sich also sowohl auf den Stoff als auch auf mich als Lehrerin zu konzentrieren.

Worauf führen Sie das zurück?
Es gibt unterschiedliche Ursachen. Wenn ich etwa sehe, dass speziell montagmorgens ganze Klassen im Grunde unfähig sind, dem Unterricht zu folgen, kann ich mir schon denken, wie das Wochenende ausgesehen haben muss. Der TV-Konsum ist enorm, gleichzeitig bleibt ausreichende Bewegung natürlich auf der Strecke. Die Kinder kommen spät ins Bett und werden dabei von den Eltern auch zu wenig kontrolliert. Die Auswirkungen haben wir dann in der Schule zu spüren.

Woher kennen Sie diese Ursachen?
Sind das Ihre Vermutungen?
Nein, das sind keine Vermutungen, sondern die Kinder erzählen das ganz selbstverständlich in der Schule. Sie empfinden es ja als völlig normal, diese Erwachsenenrechte zu besitzen und zu leben. Schwierig ist es manchmal, das Verhalten der Kinder auf diese vergleichsweise banalen Ursachen zurückzuführen, da man bei auffälligen Kindern immer sofort das Stichwort ADHS im Hinterkopf hat. Die mediale Befeuerung und auch der Druck der Eltern in dieser Hinsicht ist schon enorm, so dass man schnell verleitet wird, seine Beobachtungen mit dieser Diagnose zu verknüpfen, um eine Erklärung für das zu haben, was sich vor den eigenen Augen abspielt.

Sie haben die Eltern angesprochen. Welche Rolle spielen diese?
Zwischen Lehrern und Eltern gibt es schon ein enormes Spannungsfeld. Ich erlebe auf der einen Seite häufig Eltern,

die mit einer arg vorgefassten Meinung zu mir ins Gespräch kommen, also etwa vorab bereits fest überzeugt sind, ihr Kind habe ADHS und müsse entsprechend therapiert werden. Meine Meinung als Lehrerin ist da gar nicht mehr gefragt. Oder es offenbart sich das andere Extrem, und die Eltern weisen alle Verantwortung und Kompetenz von sich und erwarten von mir die ultimative Lösung aller Probleme. Wenn ich diese nicht zu bieten habe, folgen Schuldzuweisungen.

Wie gehen die Eltern mit ihren Kindern um?
Ebenfalls zwiespältig. Häufig erleben wir vollkommen überzogene Strafreaktionen auf kritische Anmerkungen unsererseits. Genauso kommt es aber vor, dass wir mit Aussagen wie: »Das ist doch völlig normal« oder »Daheim ist das Kind genauso, wieso ist das unnormal« konfrontiert werden. Eine angemessene Reaktion scheint so langsam zur Ausnahme zu werden, auch, wenn es diese selbstverständlich ebenfalls gibt.

Wie reagiert die Schule auf die sinkende Leistungsbereitschaft der Schüler?
Das Niveau der Schüler ist gesunken, und die Schule passt sich dem an. Es gibt offizielle Richtlinien, die vorschreiben, wie viele Schüler einer Klasse bei einer Klassenarbeit maximal unter dem Schnitt liegen dürfen. Daran orientiert man sich als Lehrer und zieht den allgemeinen Schnitt automatisch nach oben, um die Klassenarbeiten verwertbar zu machen.

Diese Arbeiten sehen also nach außen besser aus, als sie sind?
Ja, sicher. Würden wir dieselben Maßstäbe wie noch vor einigen Jahren anlegen, könnten so manche dieser Klassenarbeiten gar nicht gewertet werden.

Wie müsste Ihrer Meinung nach reagiert werden, was muss sich ändern?
Neben kleineren Klassen, so dass sich jeder Lehrer stärker um den einzelnen Schüler kümmern könnte, müsste es meiner Meinung nach angestrebt werden, an den Schulen mehr therapeutisches Fachpersonal, vor allem auch Sozialpädagogen, anzustellen. Das würde die Lehrer entlasten, diese könnten sich wieder mehr aufs Inhaltliche ihrer Fächer konzentrieren. Manchmal wäre es schon ein Anfang, die Räumlichkeiten angenehmer zu gestalten. Ändern muss sich aber auch viel in den Elternhäusern.

Was meinen Sie?
Ich habe häufig das Gefühl, dass die Eltern überfordert sind. Überfordert mit der Schnelllebigkeit der Zeit, mit den Möglichkeiten im technischen und im sozialen Bereich, die gar nicht alle realisiert werden können. Die Kinder werden dann kaum noch wahrgenommen und müssen sehr schnell selbst erwachsen werden.

Haben Sie ein Beispiel?
Ich habe eine 14-Jährige in meiner Klasse gehabt, die quasi daheim die Mutter ihrer Mutter spielen musste. Diese hat sie in alles einbezogen, sich von ihr beraten lassen, sei es in Männergeschichten, sei es bei der Autoreparatur. Das Kind wurde von ihr nur noch benutzt, um ihr Leben auf die Reihe zu bekommen. Zwei Jahre später, mit 16 also, ist dieses Kind selbst Mutter geworden. Kindheit hat bei diesem Mädchen aus meiner Sicht so gut wie gar nicht stattgefunden.

Inwiefern haben Sie sich während Ihrer Lehrerausbildung und Ihrer heutigen Tätigkeit als Lehrerin mit der psychischen Entwicklung von Kindern auseinandergesetzt?
Während meiner Ausbildung kann ich mich lediglich an ein einzelnes Seminar an der Uni erinnern, das sich mit dem Thema beschäftigt hat. Ansonsten war das im Grunde kein Thema. Heute versuche ich, auf eigene Faust meinen Kenntnisstand auf diesem Gebiet zu erweitern, ab und an gibt es auch ganz ansprechende Weiterbildungsangebote, die ich sehr gerne wahrnehme.

Das Interview mit Susanna Möller offenbart verschiedene Problematiken. Es spricht die elterlichen Defizite an, lässt aber auch Einblicke in die Denk- und Verhaltensweise der Lehrer zu. Auch die Tatsache der Absenkung des allgemeinen Niveaus wird hier als ganz normaler Vorgang beschrieben, der verhindert, sich den Wurzeln des Problems stellen zu müssen. Statt dessen wird nur unangemessen auf das Symptom reagiert.

Die Bereitschaft, diese eklatante Verschiebung der Maßstäbe zu akzeptieren und ein deutlich niedrigeres Anspruchsniveau zu etablieren, hat fatale Auswirkungen auf Bereiche wie das Berufsleben, in dem die Ansprüche in den zu vergebenden Jobs sich genau gegenteilig entwickeln, nämlich immer höher werden, sei es durch einen immer weiter steigenden Grad der Technisierung, sei es durch die Auswirkungen der Globalisierung, die mittlerweile auch die heimische Wirtschaft in den kleinsten Städten und Gemeinden erfasst hat. So sorgt etwa der Wegzug früher in ihrer Region fest verankerter Betriebe bzw. die Verlagerung von Teilen der Produktion dafür, dass Arbeitsplätze knapper werden und die Anforderungen an die Arbeitsplatzsuchenden entsprechend höher.

Mit diesen Entwicklungen kann die Qualität der nachwachsenden Arbeitskräfte immer häufiger nicht mithalten.

Eltern neigen heute vermehrt dazu, ungewöhnliches Verhalten ihrer Kinder nicht mehr als solches zu erkennen, sondern es zu verniedlichen und als alterskonform zu betrachten. Um zu verstehen, was das bedeutet, will ich einen weiteren sehr typischen Fall im Kindesalter beschreiben, der vielen Lesern dem Grundmuster nach sehr bekannt vorkommen dürfte. Dieses Mal haben wir es mit dem siebenjährigen Philipp zu tun.

Philipp

Philipp ist zwei Jahre älter als Claudia aus dem vorangegangenen Beispiel, er besucht die zweite Klasse der Grundschule und wird dort auch mit dem bei Generationen von Schülern unbeliebten Phänomen der Hausaufgaben konfrontiert.

Seine Klassenlehrerin erzählt, was passiert, wenn die Hausaufgaben in der Schule kontrolliert werden sollen: »Normalerweise fordere ich die Kinder einmal auf, ihre Mappen aus dem Schulranzen zu holen und auf den Tisch zu legen, damit ich mir die Aufgaben anschauen kann. Bei Philipp klappt das so gut wie nie nach der ersten Aufforderung. Kürzlich schaute er mich nach der Wiederholung meiner Bitte an und fragte nur ›Warum?‹, woraufhin ich geduldig erklärte: ›Weil wir jetzt die Hausaufgaben kontrollieren.‹ Passiert ist in diesem Moment gar nichts, keinerlei Reaktion des Siebenjährigen. Naturgemäß wird man in so einem Moment leicht ungeduldig, da ich solche Situationen kenne, bitte ich ihn aber noch ein drittes Mal, nun endlich die Mappe aus dem Tornister zu holen. Was antwortet mir dieses Kind? ›Nö, keine Lust!‹ Da ich diese Verweigerungshaltung nicht akzeptieren will, versuche ich also weiter, Philipp dazu zu bewegen, mir seine Hausaufgaben zu zeigen. Das Resultat ist, dass das Kind aufsteht und sich ohne einen weiteren Kommentar unter den Tisch setzt. Er hat sich dann die komplette Stunde nicht dort wegbewegt, ich konnte ihn nicht dazu bringen, sich wieder hinzusetzen und in der Klasse mitzuarbeiten.

Nach diesem Erlebnis bat ich seine Mutter zu einem Gespräch, in dessen Verlauf sie mir erklärte, Philipp verhalte sich daheim genauso und sie wisse auch nicht mehr, was sie noch machen solle. Ihre Ratlosigkeit versuchte sie schließlich mit der grandiosen Erkenntnis zu kaschieren, ich sei schließlich die Pädagogin, müsse also die entsprechenden Rezepte in der Hosentasche haben und umsetzen.«

Philipp und die Lehrerin, überhaupt Philipp und die anderen um ihn herum – denn sein Verhalten stört ja die Abläufe innerhalb der gesamten Klasse – sind zwei ganz verschiedene Welten.

Der Siebenjährige ist erkennbar in einer Phase des frühkindlichen Narzissmus gefangen, er kennt nur sich selbst, seine Bedürfnisse im jeweiligen Moment, und ist völlig außerstande, auf Anforderungen der Außenwelt zu reagieren. Seine Verweigerungshaltung gegenüber der Lehrerin ist also keine gewollte Bösartigkeit, um diese zu verletzen, sondern Philipp erkennt schlicht in seiner Lehrerin kein Gegenüber, das für ihn von irgendeiner Bedeutung wäre.

Aus diesem Grunde hat auch die Aufforderung, seine Hausaufgaben vorzulegen, für ihn keine Bedeutung, denn er ist nicht in der Lage, die Lehrerin als Respektsperson zu erkennen. Darüber hinaus überzeugt er sich wieder und wieder davon, dass er die Lehrerin in der Hand hat, mit jedem weiteren Versuch, ihn zu etwas zu bewegen, stellt diese sich seinen Steuerungsversuchen zur Verfügung.

Wichtig in unserem Zusammenhang ist es, zu begreifen, dass es sich bei der totalen Verweigerungshaltung des Kindes keineswegs um einen bewussten Willensakt Philipps handelt, sondern um eine unbewusste, durch fehlende psychische Reife ausgelöste Handlungsweise.

Das Dilemma der Lehrerin besteht schon in der Bereitschaft, die Arbeitsanweisung mehrfach zu wiederholen. Sie verstärkt damit das falsche Weltbild, das für das Verhalten des Jungen verantwortlich ist. Denn nur die allererste Anweisung ist ein bewusster, von der eigentlichen Respektsperson gesteuerter Akt. Bereits die erste Wiederholung und erst recht jede weitere Aufforderung rücken die Lehrerin an die Stelle eines Objektes, das vom Kind beliebig gesteuert werden kann. Philipp »lernt«, dass er nach Verweigerung eines Auftrages keine Konsequenzen zu befürchten hat, sondern, dass es ihm mit Leichtigkeit gelingt, den jeweiligen Erwachsenen zu steuern. Die Reaktion der Mutter (»Zuhause ist er auch so«) zeigt zudem in aller Deutlichkeit, dass der Junge dieses Verhaltensmuster überall an den Tag legt, wo er normalerweise im Alter von sieben Jahren in der Lage sein müsste, sich einzuordnen und seinen Teil zum Funktionieren der Gemeinschaft beizutragen.

Denn es geht ja nicht darum, Kinder wie Philipp zu willenlosen Befehlsempfängern zu erziehen, die jede Anweisung kommentarlos akzeptieren. Es geht vielmehr um Interaktionsfähigkeit, also darum, den Kindern die Möglichkeit an die Hand zu geben, sich innerhalb von Gruppen (und damit letztlich innerhalb der Gesellschaft) so bewegen zu können, dass es sowohl für sie selbst als auch für den Rest der Gruppe von Vorteil ist.

Um diese Interaktionsfähigkeit herzustellen, ist es unbedingt notwendig, sich immer wieder darauf zu besinnen, dass wir es mit Kindern zu tun haben und diese auch als Kinder gesehen und behandelt werden müssen.

Das bedeutet einerseits einen liebe- und rücksichtsvollen Umgang, andererseits aber auch ein erwachsenes Bewusstsein für die Notwendigkeit von Führung und Steuerung, also Autorität in einem durchaus positiven Sinne. Anders gesagt: Kinder müssen Kinder sein dürfen, Erwachsene müssen Erwachsene sein wollen. Diese Voraussetzung für die gesunde Entwicklung zu beziehungs- und arbeitsfähigen Erwachsenen ist bei den Kindern, die unter dem Einfluss der drei Beziehungsstörungen groß werden, nicht gegeben. Sie zurückzuerlangen wäre eine große gesamtgesellschaftliche Leistung, für die die von mir beschriebene Analyse eine wichtige Grundlage sein könnte.

Mehrere Fallbeispiele aus meiner Praxis

Timo, 16 Jahre alt, Gymnasiast, bei der körperlichen Untersuchung. Ich bitte ihn: »Zieh dich bitte aus bis auf die Unterhose.« Sofort folgt die Gegenfrage: »Die Schuhe auch?« Der Jugendliche wirkt bemüht und unwissend. Ich habe in diesem Fall nicht reagiert. Der Jugendliche lässt seine Schuhe an, lässt die Jeans runterrutschen, kommt auf mich zu wie ein Fünfjähriger nach dem Toilettengang.

Nico, 14 Jahre, auf die Frage, warum er in unsere Praxis komme: »Es ist ein Missverständnis. Nicht ich brauche Therapie, meine Mutter braucht dringend Ihre Hilfe. Sie ist völlig hilflos, weiß nicht mehr, was sie mit mir machen soll.«

Arndt, 8 Jahre alt, berichtet mir lehrbuchartig seine Tricksereien, die er benutzt, weil er nicht aufräumen möchte. Zunächst fordert ihn die Mutter auf, im Wohnzimmer aufzuräumen, daraufhin geht er hoch ins Kinderzimmer. Wenn die Mutter ihm ins Kinderzimmer folgt, geht er runter in den Keller. Wenn die Mutter ihm in den Keller folgt, geht er wieder zurück ins Wohnzimmer. Ich frage grundsätzlich immer wieder nach: »Und dann räumst du deine Sachen auf?« Antwort: »Nein, nein, dann gehe ich erst noch in den Garten.« Das Ende vom Lied ist: Arndt räumt gar nicht auf, sondern seine Mutter macht es.

Der Grund für die Vorstellung in der Praxis ist, dass die Mutter sich große Sorgen wegen der hohen Ängstlichkeit ihres Sohnes macht. Er traue sich bedauerlicherweise auch nicht, in der Schule (2. Klasse) den Vormittag ohne seine Mutter im Klassenraum zu verbringen. Also sitzt die Mutter den gesamten Schulvormittag neben ihm.

Ein Elterngespräch – vom Kind verhindert

Die Mutter von Jonas bittet um ein Gespräch. Jonas hat die Einrichtung gewechselt, da er in seiner letzten Tagesstätte nach Aussage der Mutter von den Erzieherinnen falsch bzw. nicht ausreichend wahrgenommen wurde. Zum vereinbarten Termin bringt die Mutter Jonas mit. Der scheint sehr müde zu sein, lehnt sich immer wieder an die Mutter an und greift in ihr Gesicht. Sie reagiert erst nicht, versucht weiterzusprechen, unterbricht dann aber und fragt, was er denn möchte. Jonas sagt, er sei sehr müde und wolle schlafen. Die Mutter nimmt ihn auf den Schoß, damit er sich an sie kuscheln kann. Danach fährt sie mit der Beschreibung der Situation in der alten Kita fort. Jonas Wünsche und Bedürfnisse seien dort nicht erkannt worden und er sei überfordert gewesen. Währenddessen beginnt Jonas erneut, in ihr Gesicht zu greifen und es zu betasten. Sie nimmt seine Hand zur Seite und weist ihn auf das laufende Gespräch hin. Jonas beginnt zu weinen, er sei so müde, er müsse liegen. Sie schlägt ihm vor, sich unter den Tisch zu legen und dort zu schlafen. Jonas rollt sich auf ihren Füßen zusammen. Die Mutter fährt mit ihrer Beschreibung fort und erklärt, dass die Müdigkeit, die Jonas zeigt, auch Ausdruck seiner ständigen Überforderung sei. Er müsse eben die Möglichkeit haben, dann zu ruhen, wenn sein Körper das brauche. Jonas beginnt derweil, die Beine seiner Mutter zu streicheln und zu kneten. Sie versucht seine Hände zu greifen, um ihn davon abzuhalten. Sie bittet uns, ob es möglich sei, dass Jonas ein Schaffell, das ihm auch daheim als mobile Schlafstelle dient, mitbringen kann. Inzwischen ist sie aber von Jonas so abgelenkt, dass sie das Gespräch mit dem Hinweis, dies Gespräch sei für Jonas eine zu große Anstrengung, abbricht. Wir vereinbaren einen neuen Termin.

Kapitel 3

Warum die Psyche eine so wichtige Rolle spielt

Psyche war eine wunderschöne Königstochter, die Eros, den Sohn der Aphrodite, dermaßen um den Verstand brachte, dass er alles für sie stehen und liegen ließ, um mit ihr zusammen zu sein, obwohl er sie auf Geheiß seiner Mutter eigentlich einem hässlichen Manne zuführen sollte, um Psyche als Konkurrentin der Aphrodite aus dem Felde zu schlagen. So erläutert der griechische Mythos die Figur, die dem Phänomen seinen Namen verlieh, mit dem sich in der modernen Welt sowohl Psychologie als auch Psychiatrie auseinandersetzen.

Allein der Begriff der Psyche hat bis heute etwas Geheimnisvolles an sich. Psyche gilt ganz grundsätzlich als Gegenpol zum Körper, es handelt sich also im ganz wörtlichen Sinne um den Unterschied zwischen etwas (An-)Fassbarem (dem Körper) und etwas (Un-)Fassbarem (der Psyche). Der griechische Ursprung des Wortes »psychein« bedeutet soviel wie »Hauch« oder auch »Atem«, später wurde die Bedeutung abstrahiert und, da der Mensch nur lebt, wenn er atmen kann, mit dem Prinzip des Lebens gleichgesetzt.

Lebensprinzip, jedoch un-fassbar. Dieser Antagonismus bestimmt unsere Definition der Psyche. Einfacher ausgedrückt: Psyche kann man nicht sehen, nicht anfassen, nicht auf dem Labortisch in Einzelteile zerlegen, sezieren und analysieren.

Diese Schwierigkeit muss man vor Augen haben, wenn man versucht, die Psyche als Grundlage der Probleme zu beschreiben, die mit Kindern und Jugendlichen heute auftreten und die gesellschaftliche Entwicklung in erheblichem Maße negativ beeinflussen.

Das Problem, vor dem wir stehen, ist also zunächst einmal, dass man Psyche nicht sehen kann, wie etwa eine krankhafte äußerliche Störung am Körper. Äußere Verletzungen bluten, zeigen erkennbare Wunden und machen die Beeinträchtigung der Funktionstüchtigkeit des Menschen, der diese Verletzungen hat, offensichtlich. Psychische Fehlentwicklungen sind nicht greifbar und in einer Welt, die nur glaubt, was sie sieht, nicht als »Wunde« akzeptiert.

Dazu kommt die Vorstellung, Psyche entwickele sich quasi von alleine, jeder Mensch habe eine Psyche und könne, je nach Altersstufe, über bestimmte Funktionalitäten selbstverständlich verfügen. Das ist falsch, denn die positiven psychischen Funktionen, um die es mir geht, bilden sich erst im Laufe der Kindheit aus, und zwar keineswegs automatisch und ohne Einfluss der Umwelt, sondern – im Gegenteil – zunächst einmal vor allem auch dadurch, dass die kindliche Psyche ein erwachsenes Gegenüber als Begrenzung der eigenen Individualität wahrnimmt. Das ist ein sehr zentraler Punkt, der mich u. a. zum Bild der »Nervenzelle Mensch« geführt hat, das ich im Kapitel über die dritte Beziehungsstörung der Symbiose näher beschreibe.

Mit zunehmendem Alter wird es dann immer wichtiger, dass an die Stelle der Begrenzung das Vorbild tritt, Kinder also psychische Funktionen etwa bei ihren Eltern erkennen und diese durch ständiges Training bei sich selbst reifen lassen können.

Gesteuert wird das Reifen dieser psychischen Funktionen neurologisch gesehen durch Nervenzellen, so wie sämtliche Prozesse im Körper eines Menschen durch einzelne Nervenzellen ausgelöst werden. Die Funktionsweise dieser Nervenzellen folgt einem einfachen System: Die Nervenzelle, die einem bestimmten Reiz ausgesetzt wird, kann nur entscheiden: »kenne ich« oder »kenne ich nicht«. Sie reagiert also nach einem schlichten dualen Prinzip. Befindet sich eine Nervenzelle im »Kenne-ich-Nicht«-Zustand, kann sie durch einen bestimmten Reiz aktiviert werden und ab diesem Zeitpunkt für eine ganz eng definierte Aufgabe zuständig sein.

Als plastisches Beispiel kann uns das Lesezentrum im Hirn dienen. Hier werden nach dem Zufallsprinzip einzelne Nervenzellen für einzelne Buchstaben mit Zuständigkeit ausgestattet. Eine Nervenzelle, die auf diese Weise aktiviert wurde, muss sich in den nächsten Jahren hochgradig spezialisieren, »ihren« Buchstaben immer wiederzuerkennen, und zwar sowohl in gedruckter Form als auch in den unterschiedlichsten Handschriften, so dass im Erwachsenenalter der Buchstabe unbewusst ganz selbstverständlich gelesen werden kann.

Entscheidend ist, dass die Leistungsfähigkeit der Nervenzelle von der Häufigkeit der Durchläufe abhängt, mit der sie auf ihre spezifische Funktion hin trainiert wird. Je mehr Training, desto automatisierter die Abläufe, die die Zelle zu leisten hat.

Das gilt uneingeschränkt auch für diejenigen Nervenzellen, die ihre Funktion im Bereich der Psyche erfüllen. Nur durch ständiges Training und zahllose wiederholte Durchläufe des gleichen Vorgangs ist es möglich, als Erwachsener die notwendigen psychischen Funktionen erlangt zu haben, die unabdingbar sind, um als in gesellschaftliche Prozesse eingebundenes Wesen existieren zu können.

Wenn hier von psychischen Funktionen die Rede ist, spreche ich grundsätzlich nur von solchen, die durch den Umgang der Erwachsenen mit Kindern gebildet werden können. Daneben gibt es eine ganze Reihe angeborener und vererbter individueller Anteile der Psyche, die für mich als Psychiater jedoch geringe Relevanz haben, da sie unveränderbar sind und für die bei meiner Arbeit wichtigen Störungsbilder keine Rolle spielen.

Kinder können sich nur über den emotionalen Bezug und eine entsprechende Bindung an ihre Eltern optimal entwickeln. Beziehungsfähige Kinder entwickeln sich somit zunächst einmal für ihre Eltern. Das bedeutet ganz konkret etwa, dass ein Fünfjähriger, der beim Tischdecken hilft, dies nicht funktional tut, also nicht, um die Voraussetzungen zu schaffen, damit anschließend gegessen werden kann, sondern er tut es ausschließlich für seine Eltern. Genauso lernt das Kind in der Schule für den Lehrer und – noch – nicht für das Leben (das folgt erst in einer höheren Altersstufe).

Es ist wichtig, dass eine Spiegelung des Kindes maßgeblich durch die Eltern mit den entsprechenden Emotionen erfolgt. Die Spiegelung ist in der psychoanalytischen Praxis ein wichtiges Arbeitsmittel, bei dem die Verhaltensweise eines der Gesprächspartner erörtert wird, indem sein Gegenüber dessen Perspektive einnimmt. Auf diese Art und Weise bekommt die Person, deren Problem analysiert werden soll, quasi einen äußeren Zugang zu sich selbst und kann eigene Fehler erkennen. In unserem Zusammenhang bedeutet das nichts anderes als das deutliche Zeigen positiver und negativer Reaktionen auf das Verhalten des Kindes. Das heißt also konkret, dass ich mich über ein positives Verhalten meines Kindes deutlich erkennbar freue und bei einem negativen Verhalten genauso deutlich meinen Ärger zeige, beispielsweise auch durch den Tonfall in meiner

Stimme. Dabei ist stets der Grundsatz zu beachten, dass die Bezugsperson des Kindes in ihren Reaktionen möglichst gleich und eindeutig sein sollte, denn umso schneller und besser wird das Kind aus der Spiegelung lernen können. Ein positiver Nebeneffekt, der quasi automatisch eintritt, ist der, dass ich dem Kind damit auch Sicherheit vermittle, während es bei einer sehr wechselhaften Reaktionsweise zu einer Irritation des Kindes kommen kann, die eine fehlende Aktivierung der entsprechenden psychischen Funktionen zur Folge hat.

In den ersten Lebensjahren ist es vor allem wichtig, dem Kind die Möglichkeit zu geben, Gefühle des Gegenübers einzuschätzen, um darauf aufbauend auch eigene Gefühle kategorisieren zu können. Entscheidend ist dabei, dass der Erwachsene seine Gefühle dem Kind gegenüber spontan und angemessen zum Ausdruck bringt. Kommt es zu Konfliktsituationen mit dem Kind, muss dementsprechend die Reaktion des Erwachsenen immer mit einem entsprechenden Gefühl verbunden sein. Bei Kleinkindern müssen diese Gefühle in jedem Fall mit Worten begleitet werden, die Eltern müssen also explizit aussprechen, dass sie sich im entsprechenden Moment ärgern oder freuen. Ebenso müssen die Gefühlsäußerungen des Kindes entsprechend mit Worten begleitet werden.

Um deutlich zu machen, was damit gemeint ist, ist an dieser Stelle ein kleiner Exkurs notwendig. Es macht nämlich Sinn, sich vor Augen zu halten, was es ganz grundsätzlich bedeutet, als junger Erwachsener mit einer gesunden Psyche zu leben. Zu diesem Zweck werfen wir einen Blick auf einen konstruierten idealtypischen Fall. Ich nenne die beiden »Marco« und »Claudia«, ein junges Pärchen, das irgendwo in Deutschland ein ganz gewöhnliches Leben leben könnte.

Marco ist 19 Jahre alt, er hat die Schule mit der Mittleren Reife verlassen und absolviert eine Ausbildung zum Kfz-Mechatroniker bei der Firma Auto-Schulte. Mit seiner Freundin Claudia ist er seit zwei Jahren zusammen, die beiden haben kürzlich ihre erste gemeinsame Wohnung bezogen.

Marco ist nicht der geborene Frühaufsteher und liebt, genau wie seine Freundin, das lange Ausschlafen am Wochenende mit einem gemütlichen ausführlichen Frühstück. Doch unter der Woche beginnt sein Arbeitstag um 8.00 Uhr morgens in der Werkstatt bei Auto-Schulte. Marco muss dementsprechend früh aufstehen und außerdem dafür Sorge tragen, dass er am Abend vorher nicht so lange ausgeht und feiert, dass er am nächsten Morgen körperlich ausgelaugt ist. Den frühen Weckruf seines Uhrenradios liebt er zwar nicht gerade, doch er ist noch nie zu spät zur Arbeit erschienen und schafft es jeden Morgen, sich zumindest soweit zum Frühstücken zu zwingen, dass er bei der körperlich anstrengenden Arbeit in der Werkstatt keine Probleme bekommt. Sowohl sein Chef, der Besitzer des Reparaturbetriebes, als auch der Meister, der seine Ausbildung beaufsichtigt, wissen Marcos Zuverlässigkeit zu schätzen und haben ihm bereits in Aussicht gestellt, nach dem Ende der Ausbildung eine feste Stelle im Betrieb antreten zu können. Bestärkt werden sie in dieser Entscheidung durch das Urteil von Marcos Berufsschullehrern, die sich nicht an unentschuldigte Fehlstunden des Schülers erinnern können und ihm außerdem Aufmerksamkeit und Lernwillen attestieren.

Wenn Marco abends nach Hause kommt, ist er oft müde, und auch Freundin Claudia kommt nicht immer bestens gelaunt von ihrer Stelle als Arzthelferin zurück. Was Marco aber – neben vielen anderen Dingen – so an seiner Claudia schätzt (und sie an ihm), ist die Tatsache, dass sie sich Gedanken über seinen Tagesablauf macht und Rücksicht auf seine Bedürfnisse nimmt. Er verhält sich umgekehrt genauso, und so gelingt es ihnen meistens, ohne unnötige Streitereien durch die Woche zu kommen.

Beide sind in ihrer Freizeit in unterschiedlichen Dingen engagiert, Marco hilft in seiner Kirchengemeinde bei der Organisation von Jugendfreizeiten und ähnlichen Veranstaltungen, Claudia gibt Nachhilfestunden im Gitarrespielen. Natürlich haben Marco und Claudia auch ab und zu Streit, es fällt schon mal das eine oder andere unbedachte Wort, und jeder von beiden hat seine ganz eigenen Marotten.

Unser Beispielpärchen ist also keineswegs perfekt und funktioniert programmierungsgemäß wie eine Maschine. Worauf es hier ankommt, ist Folgendes: Beide besitzen die psychischen Eigenschaften, um ihr Leben gut zu meistern und im Einklang mit den gesellschaftlichen Anforderungen zu leben.

Wenn Marco, der eigentlich ein Langschläfer ist, morgens früh aufsteht, um rechtzeitig am Arbeitsplatz zu sein, beweist er damit unbewusst das Funktionieren wichtiger psychischer Funktionen. So verfügt er beispielsweise über eine ausgeprägte Frustrationstoleranz, Sinn für Pünktlichkeit und ein Bewusstsein für die Notwendigkeiten in seinem Ausbildungsbetrieb. Das Verlangen, sich noch einmal im Bett umzudrehen, weiterzuschlafen und mit Claudia zu kuscheln, wird zugunsten der Anforderungen, die der Alltag stellt, unterdrückt. Das klingt zwar vergleichsweise banal und sollte es wohl auch sein. Doch zeigen die Klagen vieler Arbeitgeber über die Verhaltensweisen ihrer Azubis und Angestellten heute ein anderes Bild. Gerade im Bereich der Berufsausbildung spielt die Diskussion über die prinzipielle Ausbildungsfähigkeit der angehenden Arbeiter und Angestellten eine immer größere Rolle, und Dinge wie Pünktlichkeit gehören dabei zu den wichtigsten Punkten.

Gleichzeitig mit der hohen Frustrationstoleranz zeigt Marco mit seinem Verhalten eine weitere wichtige Eigenschaft einer gesunden Psyche. Er hat nämlich ein bestimmtes Weltbild. Dieses sieht für ihn so aus, dass er begriffen hat, dass sein Verhalten innerhalb der Gesellschaft immer auch Wechselwirkungen mit den anderen Mitgliedern dieser Gesellschaft hervorruft. Das bedeutet nicht, dass Marco sich nicht als Individuum begreift, das danach strebt, seine Bedürfnisse zu erfüllen und auch Genuss zu verspüren. Das Individuelle wird jedoch begrenzt durch die Tatsache, dass menschliches Zusammenleben nur funktionieren kann, wenn jeder den anderen als notwendige Begrenzung seiner eigenen Individualität versteht.

Übung macht den Meister – Warum sich psychische Funktionen nur durch ständiges Training bilden

Vielleicht üben Sie selbst irgendeine Sportart aus und haben das Ziel, es dort zu einem gewissen Leistungsniveau zu bringen. Was tun Sie also, um dieses Ziel zu erreichen? Sie trainieren, nach Möglichkeit unter Anleitung eines erfahrenen Trainers, der Ihnen die Technik der gewählten Sportart beibringt und Ihnen taktische Finessen erläutert, die Ihnen in eventuellen Wettkämpfen einen Vorteil gegenüber dem sportlichen Gegner bringen könnten.

Bei Spitzensportlern ist man schnell geneigt, deren außergewöhnliche Leistungen mit dem Stempel »großes Talent« zu versehen und es damit als Erklärung bewenden zu lassen.

Aber ist Steffi Graf Wimbledon-Siegerin geworden, weil sie zufällig über großes Talent zum Tennisspielen verfügte?

Und hat Jürgen Klinsmann Karriere im internationalen Fußball gemacht, weil er, statt im Betrieb seiner Eltern Brötchen und Kuchen zu backen, nun mal besser mit dem runden Leder umgehen konnte? Talent hat in beiden Fällen eine große Rolle gespielt, keine Frage – den entscheidenden Kick haben beide Karrieren jedoch immer wieder durch gezieltes und intensives Training bekommen.

Wenn Sie sich entschieden haben, auf Steffi Grafs Spuren zu wandeln, werden Sie so oft wie möglich Aufschläge üben, die Haltung des Schlägers in der Hand zu perfektionieren suchen, damit der Ball dorthin fliegt, wo Sie ihn hinhaben möchten. Die Vorstellung, einfach auf den Platz zu gehen und mit der Zeit automatisch jeden Gegner besiegen zu können, erscheint demgegenüber absurd.

Das entscheidende Moment beim Training ist also die möglichst häufige Wiederholung bei der Einübung der Grundfunktionen. Nichts anderes passiert, wenn Eltern ihren Kindern gegenüber abgegrenzt auftreten und immer wieder durch eindeutiges Verhalten Strukturen vorgeben, die für die Ausbildung psychischer Funktionen von Bedeutung sind. Eltern, die mit ihrem Kind ständig Erwachsenenthemen diskutieren, schon Kleinstkindern weitestgehende Autonomie und Selbstständigkeit zubilligen, handeln nicht anders als ein Tennistrainer, der seinem Schützling gar nicht erst Schläger und Ball in die Hand gibt, sondern sofort beginnt, mit ihm taktische Finessen und Spielstrategie zu diskutieren. Dieser Spieler wird zwar so tun, als ob er alles verstünde, und versuchen, die Anweisungen auf dem Platz umzusetzen, kann jedoch auf Grund seiner mangelnden technischen Spielausbildung nur scheitern.

Übertragen auf die Kinder kann man etwa am Beispiel Arbeitshaltung demonstrieren, was das bedeutet. Diese muss dem Kind immer wieder abverlangt werden, damit sie sich als Grundfunktion einschleifen kann. Sie muss von Eltern und Lehrern gebildet werden, und das funktioniert eben nicht, wenn dem Kind erstens freigestellt wird, wann es eine Aufgabe erledigen möchte, und ich zweitens bereits inhaltlich schwierige Fragen mit dem Kind zu diskutieren versuche, obwohl es mit dem eigentlichen Lernprozess, also der Aneignung von Grundlagenwissen, noch Probleme hat. Lernen lernen ist also eine Voraussetzung, um anschließend erworbenes Wissen überhaupt anwenden zu können.

Die Notwendigkeit ständigen Trainings beschränkt sich im Übrigen nicht auf die Herausbildung psychischer Funktionen, sondern bezieht sich genauso auf alltägliche Abläufe wie beispielsweise das Abräumen des Frühstückstisches oder auch die Körperhygiene. So dauert es etwa zunächst einmal unglaublich erscheinende vier Jahre, bis ein Kind in der Lage ist, eigenständig die Teller vom Tisch zu räumen, ohne, dass damit ein Auftrag oder eine sonstige Beteiligung der Eltern verbunden wäre. Mit etwa fünf Jahren beginnt ein Kind, die Fähigkeit dazu zu entwickeln, doch erst der Neunjährige wird durch ständiges Training gelernt haben, dass dieses Tellerabräumen einen bestimmten logistischen Sinn im Haushalt erfüllt und deswegen notwendig ist. Die Verinnerlichung von Abläufen bei der Körperhygiene dauert noch wesentlich länger.

Damit kein Missverständnis aufkommt: Kinder sind von sich aus wissbegierig, möchten gerne lernen, haben sogar regelrecht Spaß daran, sie wollen expandieren, sich möglichst schnell weiterentwickeln. Trotzdem müssen sie angeleitet werden. Lernen besteht dabei häufig aus Wiederholungen. Es ist dabei oft langweilig und noch häufiger richtig anstrengend. Das führt dazu, dass Kinder diese Leistungserbringung meiden, wenn sie ihnen nicht von außen abverlangt wird. Ein gutes Beispiel dafür, an das sich die meisten von uns noch gut aus eigenen Schulzeiten erinnern können, ist das leidige Vokabellernen in den Fremdsprachen. Ohne die ständige Wiederholung der Vokabeln wird es nie möglich sein, eine fremde Sprache gewinnbringend einzusetzen.

Das Kind selbst kann aber die Übersicht gar nicht besitzen, um diesen Zusammenhang des Lernvorgangs zu überblicken. Das heißt: Die psychischen Voraussetzungen für ein erfolgreiches Lernen, also beispielsweise eine adäquate Lernhaltung, müssen antrainiert werden, und zwar bei allen Kindern gleich. Ein Kind kann nicht von sich aus ruhig zuhören, sitzen bleiben, abwarten, nur reden, wenn es aufgefordert wird. All dies muss gelernt werden, trainiert, immer und immer wieder. So müsste bei den Hausaufgaben im ersten Schuljahr ein Erwachsener daneben sitzen und das Kind liebevoll, aber bestimmt anleiten, idealerweise mit großer innerer Ruhe. Anschließend wäre es gut, wenn das Kind während der gesamten Grundschulzeit die Hausaufgaben immer in der Nähe dieser Bezugsperson macht, da in diesem Alter ein personenbezogenes Arbeiten stattfindet. Den schönen Grundsatz »non scholae sed vitae discimus« kann ein Grundschulkind nicht verstehen, es wird seine Leistung immer für die Eltern, für die Lehrer oder andere enge Bezugspersonen aus seinem Lernumfeld erbringen. Der Erwachsene würde dabei über die Abfolge und die Menge des Lernens entscheiden (damit auch über die notwendige Menge an Wiederholungen des Stoffs) und selbstverständlich auch die Qualität beurteilen.

Diese Beispiele mögen eine Ahnung davon geben, wie absurd es ist, davon auszugehen, die menschliche Psyche entwickele sich automatisch und sei irgendwann im Erwachsenenalter derart ausgereift, dass der Mensch den Anforderungen des Lebens von allein gewachsen sei. Da man die Entwicklung der Psyche und ihrer Funktionen jedoch nicht sehen kann, geht ein Großteil der Menschen genau von dieser Vorstellung aus.

Ein Fallbeispiel: Adrian

Adrian fiel schon lange vor der Einschulung auf. Er begleitete seine Mutter oft mittags, wenn der ältere Bruder aus der Schule abgeholt werden sollte. Dabei kam es immer wieder zu lautstarken Auseinandersetzungen mit der Mutter auf dem Parkplatz vor dem Schulgelände bzw. auf dem Schulhof. Adrian schrie und tobte, weinte und jammerte lauthals, weil ihm etwas nicht passte. Beobachtungen ergaben, dass die Mutter nie irgendwelche Maßnahmen ergriff, das ungebührliche und peinliche Verhalten des Kindes zu unterbinden.

Adrian zeigte auch beim so genannten Unterrichtsspiel bei der Anmeldung ein auffälliges Verhalten. Er ließ sich nicht auf die gestellten Aufgaben ein und beschäftigte sich anderweitig. Adrian wurde dennoch eingeschult – und zwar auf Drängen der Eltern und Empfehlung des Kindergartens.

Schon von Anfang an war er in keiner Tischgruppe tragbar, lag meistens halb auf dem Tisch, belästigte die Tischnachbarn. Er erhielt einen Einzeltisch, kam aber zu den besten Arbeitsergebnissen, wenn er auf einer Iso-Matte vor der Tafel liegend arbeiten durfte. Es war auffällig, welche Strategien Adrian entwickelte, wenn die Lehrerin etwas von ihm verlangte. Erst stellte er die Ohren »auf Durchzug«, ignorierte Aufforderungen im normalen Ton völlig. Erst auf sehr energische, laute, dringliche »Anreden« reagierte er und begann die Phase der Verhandlungen und Diskussionen. Er bettelte, spielte Baby und nervte. Er scheint äußerst konsequentes Verhalten bisher nicht kennen gelernt zu haben. Adrian ist im Grunde kein aggressives Kind, er ist eher total unangepasst und gerät dadurch mit seinen Mitschülern in Konflikte. Besonders bedauerlich ist, dass er aufgrund seines Verhaltens nicht die Leistungen zeigen kann, die ihm von seiner Intelligenz her möglich wären.

Kapitel 4

Der Abstieg in Stufen – Von der intuitiven Erziehung zur Symbiose

Wirft man einen Blick auf den Buchmarkt, zeigt sich ein Segment seit Jahren im stabilen Umsatzbereich: der Ratgeber. Innerhalb dieses Segmentes lässt sich dann noch einmal ein spezieller Trend ausmachen: Erziehungsratgeber erleben einen Boom, eine ganze Armada von Experten aus verschiedenen Richtungen hat hier ein Betätigungsfeld gefunden, auf dem sie sich so richtig austoben kann.

Unabhängig von der Sinnhaftigkeit dieses Treibens und der Seriosität einzelner Titel auf diesem Markt stellt sich die Frage, warum ein Thema so stark nachgefragt wird, bei dem man eigentlich vermuten sollte, dass es sich durch Überlieferung und Intuition quasi von selbst reguliert.

In den letzten Jahren ist der Eindruck entstanden, Kindererziehung sei etwas, was man lernen muss wie Autofahren. Nicht umsonst macht immer mal wieder das Schlagwort vom Elternführerschein die Runde, und zwar längst nicht mehr nur zum Stopfen medialer Sommerlöcher, sondern als durchaus ernst gemeinte Option, um Eltern in Kursen von geschultem Personal beibringen zu lassen, wie sie mit ihren Kindern umzugehen haben.

Eine seltsame Vorstellung, wenn man bedenkt, dass es der Welt bisher gelungen ist, Milliarden von Menschen ohne eine solche Einrichtung zu brauchbaren Erwachsenen heranreifen zu lassen. Weil sich aber die gesellschaftlichen Voraussetzungen und damit die Beziehung von Eltern und Kindern so radikal geändert haben, beginnt selbst der Staat bzw. seine Institutionen über die Möglichkeit eines Eingriffs in die Autonomie der Eltern bei der Erziehung ihrer Kinder nachzudenken.

Schulen werden aktiv

Den Elternführerschein als staatlich verordnete Voraussetzung, um ein Kind in die Welt setzen zu dürfen, gibt es jedoch Gott sei Dank noch nicht. Wie eine praktische Umsetzung eines solchen Führerscheinansatzes aussehen könnte, zeigt jedoch das Beispiel der Nikolaus-August-Otto-Hauptschule in Berlin-Lichterfelde. Dort führte die Schulleitung 2003 verbindliche Seminare für Eltern ein, ohne deren Besuch diese ihre Kinder nicht auf der Schule anmelden dürfen. Geklärt werden im Verlauf dieser mehr als zweimonatigen Veranstaltung ganz grundsätzliche Fragen: »Welche Erziehungsmittel sind Ihnen bekannt?«, lautet eine solche Frage, oder auch »Welche Methoden sind geeignet, mein Kind zu einer glücklichen, selbstbewussten und kooperativen Persönlichkeit zu erziehen?« Noch deutlicher, worum es geht, machen die Punkte, die am Beginn des Seminars mit den Eltern einzeln durchgegangen werden: »Wir sind für unser Verhalten selbst verantwortlich« oder auch, ganz simpel, jedoch besonders markant: »Wir sind pünktlich«.

Die Lichterfelder Institution ist bisher die einzige Schule, die solche Seminare als verpflichtende Voraussetzung für die Aufnahme von Schülern eingeführt hat. Auf freiwilliger Basis praktizieren jedoch mittlerweile mehrere Einrichtungen solche Kurse, die meist auf dem »STEP«, dem bereits vor über 30 Jahren in den USA entwickelten »Systematischen Training für Eltern«, beruhen.

Wie gesagt: Was uns an diesem »Führerschein für Eltern« heute vielleicht noch absurd erscheint, wird bei fortschreitender Entwicklung der psychischen Defizite unserer Kinder vielleicht irgendwann einmal unabdingbar werden.

Was bedeutet das für das Elternbild?

Die bisher beschriebenen Probleme der Kinder und Jugendlichen sind vor allem vor dem Hintergrund der Beziehungen zwischen Eltern und Kindern, aber auch zwischen weiteren an der Erziehung der Kinder beteiligten Personen wie Erziehern, Lehrern, Großeltern, Tagesmüttern, etc. und den Kindern zu sehen. Die Problemfelder, die zu einer Überforderung der Erwachsenen führen, haben gravierende Auswirkungen auf die Art und Weise, wie Kinder heute von ihren erwachsenen Bezugspersonen wahrgenommen werden.

Ich habe ein dreistufiges Modell der entscheidenden Beziehungsstörungen entwickelt, an dem man die Entwicklung dieser Wahrnehmung zeigen und vor allem auch die wahre Dimension des Problems erahnen kann. Dieses Modell setzt sich mit dem Verhältnis zwischen Kindern und Erwachsenen auseinander und beschreibt, wie sich dieses Verhältnis nach und nach von den Füßen auf den Kopf gestellt hat und alles negiert, was klassischerweise die Beziehungen zwischen den Generationen prägt. Unerlässliche Dinge wie Respekt und Gewissen bleiben auf den einzelnen Stufen des Modells auf der Strecke, und letztlich kommt es zu einem totalen Verlust der Beziehungsfähigkeit des Menschen. Vertrauen, soziales Miteinander werden unmöglich, weil die Menschen dazu nicht mehr in der Lage sind.

Die drei Stufen des Modells beschreiben Zustände, wie sie heute in der Gesellschaft in hohem Maße vorkommen und bereits vielfach als normal empfunden werden. Bei eingehender Betrachtung unter Berücksichtigung der psychischen Hintergründe offenbaren sich jedoch eben jene Abgründe, auf die eine Gesellschaft zusteuert, die ihre Bewertungsmaßstäbe für menschliches Verhalten und menschliche Beziehungen immer weiter nach unten korrigiert und selbst für offensichtliches Fehlverhalten immer neue Erklärungen findet, die jedoch für die Gesamtsituation vollkommen ohne Bedeutung sind.

Kinder werden geliebt, das scheint außer Frage zu stehen. Wenn sie sich nicht so verhalten, wie es erwartet wird, setzt reflexartig eine Strukturdebatte ein, die auf Erziehungsformen, Familienpolitik oder auch die problematischen Bildungshintergründe von Erziehungsberechtigten Bezug nimmt und hier Unmengen an Entschuldigungen und fadenscheinigen Begründungen findet. Diese lösen hektischen Aktionismus aus, von der Hortdiskussion übers Elterngeld bis hin zur Väterdebatte wird ständig eine andere Sau durchs familienpolitische Dorf getrieben. Erstaunlich daran ist nur, dass sich so wenig ändert.

Das soll selbstverständlich lobenswerte Ansätze politischer und pädagogischer Natur nicht diskreditieren. Diese sind dringend notwendig, und vermutlich gibt es noch viel zu wenig wirklich gute Ideen in diesem Bereich. Unerlässlich wäre es jedoch, die Verantwortlichen würden sich vor Augen halten, auf welcher Basis all diese Dinge überhaupt erst greifen können, nämlich auf der Basis einer gesunden Psyche der Kinder und Jugendlichen, denen man die Wohltaten angedeihen lassen möchte.

Bevor ich auf die drei Stufen meines Beziehungsmodells eingehe, möchte ich noch einen Blick auf die klassische Art der Kindererziehung werfen, wie sie bis etwa Ende der 80er-Jahre des letzten Jahrhunderts noch weitgehend Konsens war. Diese Beschreibung dient keiner Glorifizierung vergangener Zeiten und Methoden im Sinne eines »Früher-war-alles-besser«, sondern soll ein Bewusstsein dafür schaffen, was sich auf den drei Stufen des Systems ins Negative hinein verändert hat.

Erziehung klassisch – Vom Wert der menschlichen Intuition

»Das geht dich nichts an!« Erinnern Sie sich noch mit Schaudern an diesen Satz, den Sie vermutlich in Kindertagen sehr oft zu hören bekommen haben? Immer dann, wenn sich Erwachsene über etwas unterhielten, was den Kindern besonders geheimnisvoll und interessant vorkam, fielen diese schier unerträglichen Worte.

Jeder dürfte diesen Satz und noch eine Reihe ähnlicher elterlicher Verweigerungsaussagen in seiner Kindheit gehasst und das rapide Ende der eigenen Kindheit herbeigesehnt haben, um endlich hinter die letzten Geheimnisse der Welt gelangen zu können, die Eltern, Großeltern und Lehrer so beharrlich vor einem verbargen.

Eltern, die Kinder mit diesem und anderen Sätzen von »Erwachsenendingen« fernzuhalten trachteten, taten in der Regel intuitiv das Richtige. Sie bewahrten ihre Kinder vor Themen, die diese emotional und psychisch überfordert hätten, und sie zeigten sich gegenüber dem Nachwuchs abgegrenzt, so dass dieser eine eindeutige Hierarchie erkennen konnte, die nichts anderes bedeutete als: Es gibt Themen für

Erwachsene und Themen für Kinder. Welche Themen in welche Sphäre gehören, legten dabei ausschließlich die Erwachsenen fest, auf die Idee, so etwas mit den Kindern auszudiskutieren, kam man nicht.

Noch besser war es, wenn die fraglichen Themen gar nicht erst in die Reichweite von Kinderohren gelangten. Partnerschaftsprobleme der Eltern, schwierige Fragen von Krankheit und Tod, zukunftsweisende Entscheidungen finanzieller Natur, Krieg und natürlich auch viele Fragen der Sexualität, all das waren Themen, die nach Möglichkeit am Abend, wenn die Kinder im Bett waren, besprochen wurden. Intuitiv war dieser Elterngeneration klar, dass es eine ganze Reihe von Themen gibt, die Kinder überfordern und sie im Alltag stark belastet hätten. Das Fernhalten der Kinder von diesen Diskussionen hatte also einen durchaus positiven Grund: Die Unbeschwertheit der Kindheit sollte bewahrt werden, die Kinder sollten geschützt werden und behütet aufwachsen.

Es lassen sich für diese Art des Umgangs mit Kindern viele weitere Beispiele finden. Stand eine Einladung unter Erwachsenen an, waren Kinder häufig ausschließlich in der Begrüßungssituation anwesend, von den anschließenden Gesprächen wurden sie nach Möglichkeit ferngehalten, meist mit der einfachen Methode, ihnen eine Gelegenheit zum Spielen zu geben. Auch die Gestaltung der Fernseh-Nutzung war so abgestimmt, dass Kinder nach Möglichkeit keine Nachrichten oder Filme mit Gewalt- oder Liebesszenen sehen durften. Dazu kamen feste Regeln für Bettzeiten, die einen Konsum spätabendlicher Filme mit höherer Altersfreigabe ohnehin nicht ermöglichten.

Kurzum: Es war völlig normal, dass das Gros der wichtigen Entscheidungen von Erwachsenen getroffen wurde und die Kinder das Ergebnis zu akzeptieren hatten. Der Grund dafür war stets die Anerkennung einer unsichtbaren Grenze zwischen Erwachsenenwelt und Kinderwelt, erkennbar beispielsweise auch an der Tatsache, dass wertende Äußerungen über Erwachsene Kindern nicht zugestanden wurden, sondern dem Kind zumindest verbal deutlich gemacht wurde, dass es sich so etwas nicht herausnehmen dürfe. Diese verbale Sanktionierung kam dann auch in Form einer Feststellung daher (»So redet man nicht über Erwachsene!«) und nicht mit dem Versuch einer ausführlichen Begründung, warum das so sei.

All diese Erziehungsstrategien wurden zu jener Zeit noch gar nicht als »Strategie« empfunden, denn dieses Wort impliziert wie vielleicht kein zweites den Wandel, der nach und nach einsetzte. Strategien entstehen nach reiflicher Überlegung im Kopf, sie berücksichtigen ein Pro und ein Contra. Wer strategisch handelt, wägt ab und versucht, schließlich eine Vernunftentscheidung zu treffen.

Auf erzieherische Fragen angewendet bedeutet das nicht grundsätzlich etwas Negatives: Natürlich soll Kindererziehung vernünftigen Richtlinien folgen. Doch diese Medaille hat zwei Seiten. Die ausschließliche Verlagerung des Erziehungshandelns in den Kopf bedeutet nämlich auch eine Abkehr von jener intuitiven Erziehung, die etwa die beschriebene Trennung zwischen Erwachsenen- und Kinderwelt als eine ihrer Grundkonstanten ansah und nie in Frage gestellt hätte, dass es ein hierarchisches Verhältnis zwischen Erwachsenen und Kindern gibt, das Erstere über Letzteren ansiedelt.

All dies geschah in einer Zeit, in der der technologische Wandel im Vergleich zu heute eher gemütlich unterwegs war. Welche Bedeutung der Computer schon in naher Zukunft für unser aller Leben haben sollte, war um 1990 herum allenfalls zu erahnen. Indes: Zu Beginn der 90er-Jahre nahm diese Entwicklung allmählich Tempo auf. Die Technik begann, die Welt immer enger zusammenzuschließen, Informationen aus den entlegensten Winkeln der Erde waren im heimischen Wohnzimmer ständig verfügbar, nach und nach kam eine Ahnung davon auf, was wir heute mit dem Schlagwort der Globalisierung zu beschreiben versuchen. Indem die Außenwelt immer näher an die eigene Sphäre heranrückte, fielen somit auch die vorher selbstverständlichen Abgrenzungen innerhalb der Erwachsenenwelt. Man begann plötzlich, sich »irgendwie« für die ganze Welt (und vor allem für das Elend in ihr) verantwortlich zu fühlen.

Diese Veränderungen im Verhältnis des Menschen zu seiner Umgebung konnten nicht ohne Auswirkung auf den Umgang mit Kindern bleiben. Es ergaben sich langsam Verschiebungen, die auf gesellschaftlichem Konsens beruhten, mit deren Auswirkungen auf die kindliche Psyche wir uns aber heute in zunehmendem Maße auseinandersetzen müssen.

Der vom gesellschaftlichen Wandel überforderte Mensch, der beim Versuch des Schritt-Haltens mit den anderen auch vieler Kontakte zu anderen Erwachsenen verlustig ging, begab sich auf die Suche nach Ersatz und fand ihn im Kind. In der Folge entwickelte sich eine Beziehung zum Kind, die sich gut mit einem Blick auf das Verhalten von Manuel, einem 13-jährigen Schüler, der mit seiner alleinerziehenden Mutter in einer Wohnung lebt, veranschaulichen lässt.

Ein Fallbeispiel – Eine Lehrerin erzählt aus ihrem Alltag

Ich stehe zusammen mit einer Kollegin im Flur, um etwas zu besprechen. Ein Junge kommt mitten im Gespräch dazu und unterbricht uns. Ich sage daraufhin, dass ich – wie er sehen könne – gerade keine Zeit habe. Der Junge lässt sich nicht beirren und berichtet weiter über seinen Vorfall. Auf meinen nochmaligen Hinweis, einen Moment zu warten, kommt die Antwort: »Wann seid ihr denn endlich fertig, jetzt bin ich dran. Ich muss was wissen zur Hausaufgabe. Und jetzt bin ich hier, und du hast keine Zeit. Meine Mutter findet das auch nicht gut.« Antwort der Mutter, als ich sie darauf anspreche: »Er ist eben sehr wissbegierig und möchte immer alles gleich verstehen. Das ist bei solch interessierten und aufgeweckten Kindern so: Die sind ein wenig ungeduldig.«

Kapitel 5

Erste Beziehungsstörung: Partnerschaftlichkeit – Kinder werden aus der untergeordneten Rolle zwangsbefreit

Folgendes Fallbeispiel zeigt eine nicht uncharakteristische Szene aus einer deutschen Familie: Manuels Mutter hat Post vom Jugendamt bekommen. Diese liegt offen auf dem Esstisch, während Manuels Mutter sich mit einer Bekannten unterhält, die zum Kaffee zu Besuch gekommen ist. Während dieses Gesprächs der beiden Frauen betritt Manuel den Raum, spricht seine Mutter an, um ihr zu sagen, er gehe nun nach draußen. Die Anwesenheit der Bekannten ignoriert er und nimmt sich gleichzeitig das Schreiben vom Amt, um es zu lesen.

Die Mutter möchte nun gerne wissen, wo ihr Sohn hingehen will, und fragt ihn danach. Manuel jedoch überhört die Frage und kommentiert stattdessen den Inhalt des Schreibens. Als er sich schließlich anschickt, den Raum zu verlassen, ohne die Frage der Mutter nach seinem Ziel beantwortet zu haben, wiederholt diese die Frage. Erst jetzt, sichtlich genervt, reagiert er mit einer unwirschen Antwort und verlässt schließlich den Raum, ohne die Türe zu schließen.

Während dieser ganzen Szene sitzt immer noch die Bekannte der Mutter im Zimmer, scheint jedoch vor allem für Manuel gar nicht existent zu sein.

Interessant ist die Reaktion der Mutter, als sie auf das Verhalten ihres Sohnes angesprochen wird. Sie habe gar nicht registriert, dass Manuel ein an sie gerichtetes Schreiben gelesen habe, ohne sie um Erlaubnis zu fragen. Der Grund ist schlicht, dass es häufig vorkommt, dass der Sohn die Post der Mutter öffnet, liest und auch noch kommentiert. Ohnehin, so die Mutter, bespräche sie oft wichtige Belange mit Manuel, empfinde ihn als »pfiffig« und habe das Gefühl, er »treffe oft den Nagel auf den Kopf«.

Selbst das abweisende und unfreundliche Verhalten beim Verlassen des Zimmers und die Reaktion auf ihre Frage nach seinem Ziel kommen der Mutter nicht ungewöhnlich vor und stimmen sie nicht ärgerlich.

Gleichzeitig allerdings macht sie sich Sorgen um seine nachlassenden schulischen Leistungen und beschwert sich, dass er sich hinsichtlich der Hausaufgaben von ihr gar nichts mehr sagen lasse.

Auf die Frage, wie sie ihr Verhältnis zu ihrem Sohn definieren würde, antwortet sie quasi programmatisch mit dem Begriff, der die erste Stufe meines Modells kennzeichnet: Der Umgang mit Manuel sei »partnerschaftlich«.

Manuel ist der Partner seiner Mutter. In diesem kurzen Satz liegt ein ungeheures Ausmaß an Tragik. Manuels Mutter hat sich bereits ein gutes Stück weit aus ihrer Rolle als Erzieherin ihres Sohnes verabschiedet. Sie ist zwar noch erziehungsberechtigt, jedoch kaum noch erziehungsbefähigt. Ihre soziale Situation als Alleinerziehende spielt als Hintergrund sicher eine Rolle, der Druck, der täglich auf ihr lastet, für das Auskommen der zweiköpfigen Familie zu sorgen. Damit wird eine individuelle Überforderungssituation geschaffen, die es der Mutter schwer macht, ihre natürliche Aufgabe zu meistern.

Das normale Verhältnis zwischen Manuel und seiner Mutter wäre ein hierarchisches: Manuel müsste das Briefgeheimnis kennen und akzeptieren, er müsste wissen, dass er auf eine normal gestellte, berechtigte Frage eine normale Antwort geben sollte. Und er sollte bemerken können, dass sich seine Mutter im Moment seines Hinzukommens in einer Gesprächssituation befindet, die zu unterbrechen schlicht unhöflich und unangebracht ist.

Manuel fehlen ganz offensichtlich bereits psychische Funktionen wie Höflichkeit (in Bezug auf das Gespräch) oder ein Bewusstsein für Begriffe wie »Mein« und »Dein« (in Bezug auf das Lesen fremder Post). Seine Mutter wäre normalerweise die erste Bezugsperson, die für die Ausbildung dieser psychischen Funktionen Sorge zu tragen hätte. Sie müsste Manuels Fehlverhalten erkennen, ihn darauf hinweisen und bei fehlender Einsicht auch entsprechend sanktionieren, die klassische Spiegelung also. Doch nichts davon passiert, weil sie sich bereits auf eine Ebene mit ihrem Sohn begeben und somit die hierarchischen Strukturen aufgelöst hat. Sie akzeptiert ihr minderjähriges Kind als Partner an ihrer Seite, weil sie nicht mehr fähig ist, intuitiv ihre Position als Erzieherin wahrzunehmen, sondern vernunftmäßig versucht, dem Jungen eine Reife zuzugestehen, die er in seinem Alter noch gar nicht haben kann.

Das Beispiel Manuels und seiner Mutter zeigt, dass das Problem in einer Verschiebung der Ebenen liegt. Erwachsener und Kind begeben sich auf die gleiche Ebene und rangieren auf Augenhöhe nebeneinander, so dass keiner dem anderen eine Richtung vorgeben kann. Dieser moderne Umgang mit dem Kind gilt heute in der Gesellschaft als vollkommen normal. Die Ausgrenzung von Erwachsenengesprächen etwa stellt eine absolute Ausnahme dar: Kinder sitzen ganz selbstverständlich in fast jeder Situation dabei und dürfen alles mithören, was Erwachsene zu besprechen haben. Wurden früher solche Unterhaltungen auf den Abend verlagert, so wird heute häufig alles sofort besprochen, ungeachtet der äußeren

Umstände. Auch hier zeigt sich zunehmende Unfähigkeit Erwachsener, mit den alltäglichen Belastungen umzugehen. Das Kind, das als Partner gesehen wird, soll dabei helfen: Es wird ausdrücklich auch in seinen Äußerungen ernst genommen, sei es zu Partnerschaftsproblemen, finanziellen Fragen oder anderen Themen, die eigentlich ganz selbstverständlich außerhalb seiner Sphäre liegen müssten. Kinder, die sich in solchen Situationen äußern, werden nicht mehr darauf hingewiesen, dass sie für diese Fragen noch nicht alt genug sind, sondern ihre Anteilnahme wird positiv als Reifezeichen gewertet, ein Vorgang, der nur durch den Status als Partner der Eltern möglich ist. Selbst wenn offensichtlich ist, dass das Kind sich noch gar nicht verständlich zum Thema ausdrücken kann oder Zusammenhänge nicht begriffen hat, endet die partnerschaftliche Sicht nicht. Dann wird wohlwollend noch genauer hingehört, es wird ausführlich erklärt und das Kind damit nur noch tiefer in Belange hineingezogen, von denen Erwachsene eigentlich längst erkannt haben müssten, dass sie das Kind überfordern. Auch Freunde und Bekannte von Eltern, die auf solche Art mit ihren Kindern umgehen, reagieren meist mit großem Wohlwollen auf die geschilderte Gesprächssituation. So wurde ja auch Manuels Mutter von ihrer Bekannten nicht auf die missliche Lage hingewiesen, in die sie sich mit ihrem Sohn hineinmanövriert hat.

Läge das Problem lediglich bei den Eltern, gäbe es noch die Möglichkeit, in den Institutionen Kindergarten und Schule entsprechend gegenzusteuern. Besonders problematisch ist die Lage jedoch dadurch, dass auch die modernen Konzepte in diesem Bereich durchgängig auf dem Konzept des partnerschaftlichen Umgangs mit dem Kind beruhen. Werfen wir einen Blick auf den Kindergarten, um uns zu verdeutlichen, welche Veränderungen eingetreten sind und was diese bewirken!

Das Angebot richtet sich nach den Bedürfnissen der Kinder – Partnerschaftskonzepte im Kindergarten

Im August 2007 fand ich folgenden Artikel in einer Tageszeitung, den ich auszugsweise hier zitiere:

»Goldene Wasserhähne gibt es zwar nicht, aber einen Fitness-Saal mit Spiegelwand, einen schmucken Wellness-Bereich samt Sauna und vor der Tür steht der Chauffeurdienst. [...] In der neuen Luxus-Kindertagesstätte ist der Andrang trotz der monatlichen Grundgebühr von 980 Euro groß. [...] Den Kindern in der zweisprachigen Kita werden u. A. musikalische Früherziehung, Schwimmen, Ballett oder auch Chinesisch-Stunden geboten – teilweise gegen Aufpreis. Die oft viel beschäftigten Eltern können zudem einen Bring- und Holdienst in Anspruch nehmen, für Physiotherapie ist eigens ein Raum eingerichtet. [...] Die Kita-Leiterin sieht keine Gefahr der Überforderung, denn die Angebote ›richten sich nach den Bedürfnissen der Kinder‹.«

Ein Extrembeispiel? Sicher. Ausdruck von Dekadenz einer bestimmten Bevölkerungsschicht, mit der die meisten Bürger eher wenig zu tun haben? Auch das, keine Frage. Doch darum geht es nicht. Gerade, weil die finanzielle Seite bei diesem Kindergarten keine Rolle spielt, darf besonders auf den Anspruch der Einrichtung geachtet werden, den diese vertritt. »Die Bedürfnisse der Kinder« sind nach Aussage der Leiterin Grundlage der Arbeit in der Kita. Die Bedürfnisse der Kinder? Wellnessbereich, Chauffeur und Sauna? Nicht schwer zu erkennen, dass die (erfüllbaren) Bedürfnisse der Eltern und die (vorgestellten) Bedürfnisse der Erzieherinnen hier die entscheidende Rolle gespielt haben. Dem Kind wird die Befriedigung dieser typischen Erwachsenen-Bedürfnisse gleichsam aufgezwungen, es hat sich in der Sichtweise der Erwachsenen genauso zu benehmen wie sie, soll die gleichen

Wünsche nach Luxus und vermeintlicher Entspannung verspüren. Und partnerschaftlich, wie Eltern und Kita-Betreiber nun mal sind, erfüllen sie den Kindern natürlich diese in sie hineininterpretierten Wünsche.

Absurde Welt, keine Frage, aber leider Ausdruck der Veränderungen im Kindergartenbereich, die auf dramatische Art und Weise über das Partnerschaftlichkeitskonzept negativ auf die psychische Entwicklung der Kinder einwirken.

So genannte Elite-Einrichtungen wie die eben beschriebene hat es zwar schon immer gegeben, doch auch deren Anspruch und Arbeit unterlag früher anderen Grundsätzen. Gesamtstruktur und Konzept des Kindergartens an sich haben sich grundlegend verändert. Erzieherinnen verstanden sich noch in den 80er-Jahren eindeutig als Führungs- und Orientierungspersonen, und zwar sowohl gegenüber den Kindern als auch gegenüber den Eltern. Bevor das Kind in den Kindergarten gehen konnte, musste es vom Gesamtentwicklungsstand den Erzieherinnen für die Aufnahme geeignet erscheinen.

Der Tagesablauf im Kindergarten war geprägt durch sich wiederholende Abläufe, feste Rituale also, die allem eine verlässliche Struktur gaben. Im Allgemeinen leiteten zwei Erzieherinnen eine Gruppe von 20 bis 25 Kindern, denen täglich eindeutige formale und inhaltliche Vorgaben gemacht wurden, beispielsweise feste Uhrzeiten, zu denen die Gruppe vollständig sein sollte, um mit bestimmten Angeboten beginnen zu können, feste Frühstückszeiten oder ein Stuhlkreis als Abschluss des Kindergartentages.

Natürlich waren in dieser Struktur die Entscheidungsmöglichkeiten des einzelnen Kindes verhältnismäßig gering, sie lagen im Bereich von Unterentscheidungen, nachdem die klare, strukturierende Linie von den Erzieherinnen vorgegeben worden war. In deren Verantwortungsbereich lag es ganz eindeutig, das Kind außerhalb der Familie in jeder Hinsicht zu fördern: sowohl im Bereich sozialer Fähigkeiten als auch bei der gesamten Motorik, der Wahrnehmung und der sprachlichen Entwicklung. Mit diesen Aufgaben war die Funktion des Kindergartens klar umrissen: Vorbereitung der Kinder auf den Besuch der Grundschule.

Gerade für diese vorbereitende Funktion war im letzten Kindergartenjahr ein tägliches Vorschulprogramm obligatorisch. Im Rahmen dieses Programms haben die Kinder etwa eine Stunde pro Tag unter Anleitung einer Erzieherin gebastelt und gemalt. Das brachte ganz automatisch mit sich, dass Fünfjährigen abverlangt wurde, diese Zeit sitzend am Tisch zu verbringen und die Arbeitsaufträge der Erzieherin zu erfüllen. Der Effekt dieser Arbeit war nicht nur der praktische, dass der Umgang mit Schere und Stift erlernt und sicherer gemacht wurde. Die Kinder mussten zusätzlich die wichtige Erfahrung machen, manchmal auch ohne Lust diese Arbeiten ausführen zu müssen und währenddessen ihre Eigenbedürfnisse zurückzustellen. Es gab also eine bewusste Einübung der Frustrationstoleranz des Kindes durch das Stellen einigermaßen schwieriger Aufgaben, die sie an der Befriedigung rein lustgesteuerter Bedürfnisse zumindest für eine Weile hinderten.

Darüber hinaus musste das Kind sich auf die Gruppe einstellen, also beispielsweise warten lernen, wenn die Erzieherin sich gerade mit einem anderen Kind befasst. Es musste sich zusätzlich auf die Erzieherin einstellen, ihr zuhören, wenn sie etwa zu den nächsten Bastelschritten angeleitet hat.

Bei all diesen Vorgängen wurden Verhaltensauffälligkeiten stets korrigiert, erkannte Defizite, so gut es ging, versucht durch Förderung auszugleichen. Eltern wurden dabei über das Verhalten des Kindes im Kindergarten informiert, auf Fehlverhalten aufmerksam gemacht und auch beraten.

Mit dem Abschluss des Kindergartens hatten sich die Kinder eine hohe soziale Kompetenz erworben. Sie waren in der Lage, sich durch Erwachsene führen zu lassen und von außen gesetzte Regeln zu akzeptieren. Sowohl im Wahrnehmungs- als auch im motorischen Bereich verfügten die Kinder über große Erfahrung, viele feinmotorische Leistungen konnten koordiniert ausgeübt werden. Jedes Kind war beispielsweise in der Lage, am Ende des Kindergartens am Schuh eine Schleife zu binden. Sprachlich wiesen diese Kinder in der Regel keinerlei Defizite auf.

Betrachte ich dagegen die heutige Kindergartenarbeit, muss ich feststellen, dass sich gravierende Änderungen in den Konzepten ergeben haben, die auf den Einzug eines partnerschaftlichen Umgangs mit den Kindern zurückzuführen sind.

Zunächst einmal gibt es keine Eingangsvoraussetzung im Sinne eines bestimmten Entwicklungsstandes mehr, die ein Kind erfüllen muss. Dem steht alleine schon der gesetzliche Anspruch auf einen Kindergartenplatz entgegen, der vor allem den gesellschaftlichen Druck reflektiert, Müttern so schnell wie möglich wieder das Arbeiten zu ermöglichen. In der ganzen derzeitigen Diskussion über Betreuungsplätze für unter Dreijährige ist sehr gut zu erkennen, dass der Entwicklungsstand der Kinder dabei kaum eine Rolle spielt und politischen Richtungskämpfen geopfert wird.

Schaut man in die Kindergärten, stellt man schnell fest, dass es dort im Tagesablauf immer weniger Festlegungen gibt. Rituale und Strukturen, früher fester Bestandteil, wurden für überflüssig oder einengend befunden und somit abgeschafft. Das offene Konzept, das viele Kindergärten heute praktizieren, bringt es mit sich, dass das Kind sich aussuchen kann, mit welcher Erzieherin es den Vormittag verbringen und in welcher Gruppe es sich aufhalten möchte. Es herrscht das Prinzip der so genannten Neigungsgruppen: Dem Kind wird dabei zugetraut, selbstständig über wichtige Abläufe im Kindergarten zu entscheiden.

Bei dieser Form von Kindergartenarbeit drängt sich allzu oft der Eindruck auf, das vorrangige Ziel in diesen Einrichtungen sei, dass die Kinder Spaß haben und sich »frei« entwickeln können. Niemand möchte den Kindern die Freude nehmen, doch hat die Spaßgesellschaft Kindergarten zur Vorbedingung, dass sich das Personal nicht mehr in der Führungsposition befindet und wenig bis gar nichts in den Abläufen regelt. Natürlich ist es nicht so, dass diesen Erzieherinnen Verhaltensauffälligkeiten der ihnen anvertrauten Kinder vollkommen entgehen. Sie fühlen sich aber auf der Partnerschaftsebene nicht mehr dafür verantwortlich, regulierend einzugreifen, sondern begeben sich in die Position des Diagnostikers, der die Auffälligkeit lediglich registriert und anschließend an Eltern oder Therapeuten delegiert.

Ein weiterer Ausdruck der Position des Erziehers ist übrigens, dass Kindern heute gerne eine eigene »Persönlichkeit« zugestanden wird, und zwar bereits in sehr jungen Jahren. Der Spruch »er/sie ist schon eine richtige kleine Persönlichkeit« ist heute häufig Ausdruck der partnerschaftlichen Anerkennung kleiner Kinder durch Erwachsene. Da sich fast alle Eltern und Pädagogen heute mindestens im Partnerschaftlichkeitsverhältnis zu den Kindern befinden, wirkt dieser Spruch durchgängig wie eine besondere Anerkennung kindlicher Leistungsfähigkeit bzw. sozialer Kompetenz. Der Erwachsene holt das Kind damit auf seine Ebene und gesteht ihm ausdrücklich zu, eine psychisch und emotional ausgereifte Person zu sein, die größten Anforderungen gewachsen ist.

Dass dieser Anspruch gegenüber einem Kind nicht einlösbar ist, lässt sich eigentlich schon bei flüchtigem Hinsehen sofort erkennen. Diese Erkenntnis ist jedoch im Partnerschaftsdenken, und schon gar in der Projektion, nicht mehr opportun.

Häufig neigen pädagogisch tätige Menschen heute dazu, zu beobachten und zu diagnostizieren, anstatt Kinder in ihren Verhaltensweisen zu spiegeln und zu maßregeln, obwohl gerade Letzteres eigentlich das Entscheidende wäre, um der unreifen Psyche des kleinen Kindes durch stetige Wiederholung die Möglichkeit zu geben, Reifeprozesse ständig neu zu durchlaufen und damit psychische Funktionen zu bilden. Nur so liegt der Schwerpunkt auf einer Weiterentwicklung des Kindes. Anders gesagt: Die Ursachenforschung bei kindlichem Fehlverhalten darf nicht vorrangig sein. Trotzdem kann es selbstverständlich gut sein, wenn Erzieher überlegen, woran konkret dieses Verhalten liegen könnte. Ein aggressives Kind jedoch, das mit Stühlen durch die Gegend schmeißt, muss zunächst einmal in seiner Verhaltensweise gespiegelt werden. Zu häufig wird stattdessen im Umfeld des Kindes nach Problemen gesucht: Eifersucht auf ein neues Geschwisterkind vielleicht oder mögliche Paarprobleme der Eltern. Ist die entsprechende Diagnose dann gestellt, erfolgt die Überstellung an den entsprechenden Therapeuten, das Problem wird in diesen Fällen nicht gesehen und gelöst, sondern delegiert.

Es besteht die Gefahr, dass dem Kind durch dieses Verhalten des Erwachsenen sein natürliches Recht auf Orientierung und Halt durch seine Bezugspersonen verweigert wird. Es wird ohne weitere Diskussion als pathologisch gesehen und in den Kreislauf von Therapien und Medikamenten eingeschleust. Das Fehlen einer adäquaten Antwort auf die durch die aggressive Handlung ausgedrückte Frage nach Orientierung bewirkt allerdings in der Regel, dass das Kind in diese Richtung weitertesten wird. Es würde also zu weiteren, evtl.

sogar verstärkten aggressiven Schüben kommen, die für die Erwachsenen gerade vor dem Hintergrund der eingeleiteten Therapie vollkommen unverständlich sein müssen.

So kommt es zu Fällen wie der vierjährigen Sonja, die auf Empfehlung ihrer Kindergarten-Erzieherin bei mir in der Praxis landete. Grund: Sonja spiele überwiegend in einer Ecke mit sich allein, suche wenig bis gar nicht den Kontakt mit anderen Kindern. Da die Erzieherin sich nach eigener Aussage Sorgen um das Kind mache, rate sie dringend zu einer psychotherapeutischen Behandlung, nachdem sie auch bereits in Elterngesprächen versucht habe, die Gründe für das Verhalten des Kindes zu erforschen.

Elterngespräch, Therapieempfehlung, nur scheinbar fährt die Erzieherin das ganze ihr zur Verfügung stehende Instrumentarium auf. Denn auf die naheliegendste Idee kommt sie nicht, die noch vor zehn bis fünfzehn Jahren die normale Reaktion gewesen wäre: das Kind aus der Ecke herauszuholen, es zum Spielen mit den anderen Kindern anzuhalten und dabei auch anzuleiten.

Ein weiteres Beispiel ist der fünfjährige Tom, der bei mir landet, weil er im Kindergarten mehrfach mit Stühlen um sich geschmissen habe. Im Elterngespräch nach der Reaktion der Erzieherin befragt, erzählen Toms Eltern, dass diese sich Gedanken über die Gründe für Toms Verhalten mache (also ihrer vermeintlichen Rolle als Diagnostikerin gerecht zu werden versucht) und ihnen Fragen nach eventuellen Eheproblemen gestellt habe.

Noch einmal zur Verdeutlichung: Ich prangere das Verhalten der Erzieherin nicht als falsch an: Sie muss selbstverständlich überlegen, womit das Verhalten des Kindes zu tun haben könnte. Was jedoch komplett fehlt, ist der Impuls, Tom einzugrenzen und in seinem maßlosen Verhalten zu regeln.

In beiden Fällen treten die Erscheinungsformen partnerschaftlichen Umgangs im Kindergarten klar zutage. Die Erzieherinnen definieren sich selbst zu selten als Leitungspersonal für das Kind. Sie akzeptieren die ihnen anvertrauten Kinder als Partner, geben ihnen alle Freiheiten zu entscheiden, wie der Kindergartenalltag ablaufen soll, und reagieren bei Schwierigkeiten damit, zu beobachten, zu diagnostizieren und anschließend an Fachleute zu delegieren. Dass sie selbst ebenfalls Fachleute sein sollten (und es von ihrer Ausbildung her sein könnten), um die Kinder in die richtigen Bahnen zu lenken, spielt in ihrem Denken eine zu geringe Rolle. Letztlich liegt hier ein enormes Potential brach, um der Probleme mit den Kindern Herr zu werden.

In der Konsequenz führt das dazu, dass der Entwicklungsstand eines Kindes bei der Beschulung nicht mehr vergleichbar ist mit dem Status quo, der etwa zu Beginn der 90er-Jahre vorherrschte. Das als »normal« empfundene Niveau ist weithin sichtbar gesunken, wird auch allgemein als ausreichend akzeptiert. Eltern verlangen daher ihren Kindern viele Leistungen nicht mehr in ausreichendem Maße ab, sei es etwa im motorischen oder im sprachlichen Bereich. Zusätzlich werden viele Verhaltensweisen, die früher als auffällig kategorisiert worden wären, jetzt als normal und tendenziell gesund eingeordnet.

Eltern wiegen sich damit entweder in einer trügerischen Sicherheit, ihr Kind entwickle sich altersentsprechend und sei in seinem Verhalten unauffällig, oder sie selbst gehören zur seltener werdenden Spezies der normal Erziehenden und werden durch die »Behandlung« des Kindes im Kindergarten stark verunsichert. Letzteres ist gerade deswegen so fatal, weil auf diese Weise Beziehungsstörungen zwischen Eltern und Kindern entstehen können, die aus dem Elternhaus heraus nie entstanden wären.

Noch einmal in aller Deutlichkeit: Ich fordere nicht, dass Erzieherinnen sich keine Gedanken darüber machen sollten, ob ein Kind eventuell in einzelnen Bereichen eine gesonderte Förderung brauchen könnte. Es ist indes eine gefährliche Tendenz festzustellen, dass diese Gedanken, also Ursachenforschung, die Suche nach Erklärungen, einen deutlich höheren Stellenwert einnehmen als die professionelle Reaktion auf das Auftreten kindlichen Fehlverhaltens. Ich spreche sehr häufig mit Kindergartenpersonal und muss dabei feststellen, dass die Ansicht, durch ständiges Erklären und Hervorrufen von besserem Verständnis dem Kind in seiner Entwicklung weiterhelfen zu können, absolut dominierend ist. Leider jedoch erfüllt diese Vorgehensweise aus den genannten Gründen ihre Ansprüche nicht, was sich letztlich auch daran festmachen lässt, wie viele Erzieherinnen mittlerweile selbst ihre Tätigkeit erleben, nämlich als frustrierend, ratlos machend und überhaupt nicht mehr sinnstiftend. Nicht wenige fühlen sich mitten in einer totalen Handlungsunfähigkeit, ohne die tieferen Gründe dafür zu kennen.

Haben Sie nicht was Einfacheres?
Partnerschaftlichkeitskonzepte in der Schule

Folgende kleine Szene aus einer Buchhandlung wird Ihnen vermutlich zunächst einmal ein Schmunzeln aufs Gesicht zaubern, da geht's mir wie Ihnen: Die Mutter einer Neunjährigen kommt in die Buchhandlung und spricht die Buchhändlerin am Lernhilfenregal hilfesuchend an: »Ich brauche unbedingt was für Mathe, vierte Klasse, meine Tochter bleibt sonst sitzen!« Nachdem die Buchhändlerin ihr einige Bücher zur Auswahl vorgelegt hat, wendet sich die Mutter erneut an sie: »Die sind alle so kompliziert. Haben Sie nicht was Einfacheres?«

Diese Szene aus einem Weblog, der den Buchhändleralltag beschreibt, scheint auf den ersten Blick harmlos und witzig, auf den zweiten Blick offenbart sie, wie sich das Absenken des als normal empfundenen Leistungsniveaus in den Köpfen der Eltern festgesetzt hat. Die Mutter sucht nicht nach einer Hilfe, um ihre Tochter auf das in der Schule geforderte Niveau zu heben, sondern sie selbst empfindet dieses bereits als viel zu hoch, ist also voll auf der Seite ihrer Tochter und möchte diese keinesfalls mit diesem Niveau konfrontieren. Auf die Idee, dass sie ihr damit nicht weiterhilft, kommt sie gar nicht erst.

Möglicherweise ist das eine ausgefallene Reaktion, aber wie immer machen erst die Extremfälle auf die Regel so richtig aufmerksam.

An dieser kleinen Geschichte könnte auch noch etwas besonders fatal sein, was ich ob der Unkenntnis des speziellen Falls nicht wissen kann. Denn für die Schule, gerade auch die Grundschule, gilt Ähnliches wie für den Kindergarten: Das Anspruchsniveau ist bereits über die Jahre stetig abgesenkt worden. Wenn nun diese Mutter sich noch weiter hinab begibt, bleibt die Frage, welche mathematischen Fähigkeiten ihre Tochter überhaupt noch haben sollte. Die Antwort der Mutter würde vermutlich lauten: »Wenn meine Tochter ohne Mathe glücklich wird, ist das gut, sie soll zu nichts gezwungen werden.«

Schule wird oft als unangenehm empfunden, derweil sie mit Pflichten verbunden. Was ich hier frei nach Wilhelm Busch in den Raum stelle, beschreibt die Problematik. Die Mutter aus der Buchhandlung würde Pflichten wohl noch durch das härtere »Zwang« ersetzen, sich erinnernd an ihre eigene Schulzeit bzw. an noch gar nicht so lange vergangene

Zeiten, in der Schulunterricht eine ganz bestimmte, heute vielfach gegeißelte Form hatte.

Diese Form sah vor, dass der Lehrer ganz selbstverständlich eine Führungs- und Integrationsfigur war. Unterricht erfolgte überwiegend im Frontalunterricht; die zeitliche, inhaltliche und formale Abfolge der Tagesabläufe ähnelte sich. Lehrer waren sich vollkommen darüber im Klaren, dass ihre Tätigkeit neben der Vermittlung von Fachkenntnissen auch in der Einübung vieler Funktionen etwa im Hinblick auf Feinmotorik und Koordination bestand. Darüber hinaus wurde auf das Eintrainieren von Arbeitshaltung und von Lernweisen geachtet, soziale Fähigkeiten wurden für wichtig erachtet, etwa auch, damit die an der Schule bestehenden Regeln des Zusammenlebens für die eigenen Regeln internalisiert werden konnten. Die Kinder wurden früher darin bestärkt, ihre Position im Rahmen der Klasse, also einer größeren Gruppe wahrzunehmen und entsprechende Grenzen in ihrem eigenen Verhalten zu berücksichtigen.

Auf Seiten des Lehrers bestand zur Durchsetzung der Verhaltensmaßregeln und des Lernerfolges ein ganz bestimmtes pädagogisches Rüstzeug, beginnend mit dem zentralen Instrument der Notenvergabe, aber auch mit Sanktionen wie Nachsitzen, Zusatzaufgaben oder Klassenbucheintragungen mit den entsprechenden Konsequenzen.

Die Veränderungen, die gegenüber diesem klassischen Grundschulbild eingesetzt haben, reflektieren die partnerschaftliche Tendenz in der Beziehung zwischen Lehrer und Schüler bis ins Detail. Es handelt sich dabei zumeist um Dinge, die oberflächlich betrachtet als innovativ wahrgenommen werden, wie etwa Veränderungen in der Raumgestaltung in den Schulen. Die Tendenz geht hier immer stärker in Richtung »Wohnraum«; Schule wird damit kuschelig, wohnlich. Auch wenn nichts dagegen spricht, einen kargen Raum angenehmer zu gestalten, geht vieles, was derzeit in Klassenzimmern zu finden ist, zu Lasten der Aufmerksamkeit. Schüler sind durch diverse Reize im Raum abgelenkt, können sich nicht auf den Unterricht konzentrieren. Auch die häufig mit allerlei Bastelarbeiten, Fotos, etc. geschmückten Wände tragen dazu bei. In vielen Klassenzimmern gibt es offene Regale mit Unterrichtsmaterialien, bei denen man sich fragen muss, welchen Sinn sie an dieser Stelle haben sollen.

Als besonders innovativ gilt hinsichtlich der Unterrichtsgestaltung zumeist auch der Gruppentisch. Die Kinder sitzen dabei nicht mehr frontal dem Lehrer gegenüber, sondern gruppieren sich um einen Tisch herum, meist zu viert oder zu acht. Somit ist das Gegenüber, das sie die meiste Zeit anschauen, ein Mitschüler, nicht mehr der Lehrer. Diese scheinbar harmlose Feststellung bedingt leider eine entsprechende Ausrichtung des Kindes: Es orientiert sich nicht an der »Führungsfigur« Lehrer, sondern an anderen Kindern, die in der Unterrichtssituation eigentlich keine Rolle spielen sollten.

Abgesehen davon bringt diese Sitzform auch neurologische Gefahren mit sich; die Wirbelsäule wird falsch belastet, wenn Kinder seitlich oder mit dem Rücken zur Tafel sitzen, wie es bei Gruppentischen für drei Viertel der Klasse naturgemäß der Fall sein muss. In manchen Klassen versucht man, diesem Effekt durch häufiges Umsetzen entgegenzusteuern und läuft damit gleich in die nächste Falle, da der dauernde Wechsel des Tischnachbarn einem strukturierten Ablauf in der Schule entgegensteht, dem Kind somit wieder eine Orientierungsmöglichkeit mehr genommen wird.

Zur Orientierung gehört beispielsweise auch so etwas Simples wie ein eindeutig festgelegter Unterrichtsbeginn. Und doch gibt es mittlerweile Schulen mit einem so genannten »freien Unterrichtsbeginn«, an dem die Kinder innerhalb einer bestimmten Spanne entscheiden dürfen, wann für sie der Schultag beginnt. Anders gesagt: Jeder kommt, wann er will.

Die zunehmenden Entscheidungsfreiräume kommen auch im Prozentsatz des Unterrichts zum Ausdruck, der in Freiarbeit gestaltet werden soll. Dieser steigt. Immer stärker entscheiden Kinder also, was und mit wem sie in der Schule arbeiten wollen. Die Bedeutung des Lehrers als Lehrender und Anleitender rückt immer mehr in den Hintergrund, Zielvorstellung ist im Grunde, dass das Kind in die Lage versetzt sein soll, sich den Stoff allein anzueignen. Als Beispiel ließen sich in der Grundschule die so genannten Anlauttabellen anführen, in denen Kinder über Bilder Buchstaben zuordnen lernen und damit das Gefühl bekommen sollen, sich das Lesen selbst beibringen zu können.

Der Lernaufbau im heutigen Schulunterricht ist allzu oft nicht mehr folgerichtig, da er zu wenige Elemente der Kontinuität enthält. Da wird heute an diesem Thema gearbeitet, morgen an jenem, immer darauf bedacht, wie es – scheinbar – den Bedürfnissen der Schüler am meisten entgegenkommt. Doch vieles wird dabei nicht mehr ordentlich zum Abschluss gebracht, fehlende Sinnhaftigkeit des schulischen Tuns ist eine Folge davon. Diese fehlende Kontinuität und Struktur im Lernverhalten sorgt für ein pädagogisches Paradoxon: Gedacht dazu, dass den Kindern weniger Druck auferlegt werde, um bessere Leistungen zu erzielen, sorgen solche Maßnahmen gerade dafür, dass Druck entsteht, weil die Kinder keinerlei Orientierung im schulischen Alltag geboten bekommen. Sie sollen statt dessen den Lernerfolg »aus sich selbst heraus« zustande bekommen: Für Kinder ein Ding der Unmöglichkeit.

Beim Thema Hausaufgaben ist es keine Seltenheit mehr, dass Eltern von der Schule geraten wird, keine Betreuung zu leisten, sondern es dem Kind zu überlassen, die Aufgaben zu erledigen. Ziel dieses Ratschlags ist eine größere Selbstständigkeit des Kindes und natürlich die Gewährung eines größtmöglichen Freiraums.

Ich könnte unzählige weitere Beispiele anführen, die mir in meinen häufigen Gesprächen mit Eltern und Lehrern begegnen, doch sollte bis hierhin schon deutlich geworden sein, worum es mir geht.

Hausaufgabenbetreuung wird heute häufig als Zwang missdeutet, teilweise kommt man, dies geschieht tatsächlich, den scheinbaren Bedürfnissen der Kinder entgegen, indem die Dauer der Schulstunden auf 20 Minuten reduziert wird. Letzteres eine besonders frappierende Reaktion auf Konzentrationsmängel der Kinder. Dem Kind wird von den Erwachsenen dabei die Rolle eines gleichberechtigten Partners zugewiesen, der Erwachsene, gleich, ob Lehrer in der Schule oder Erzieher im Kindergarten, braucht seine Funktion als Orientierungspunkt und Leitfigur nicht mehr wahrzunehmen, sondern kann zufrieden sein, einer modernen Denkweise zu huldigen, die das Kind scheinbar auf eine ihm gerecht werdende Ebene hebt. Darüber hinaus erfüllt die Vorgehensweise auch die Funktion, sich selbst Bestätigung zu holen, den Ansprüchen, die die Gesellschaft an Lehrer und Erzieher stellt, gerecht zu werden. Letzteres ist indes bereits ein Zeichen, dass die zweite, auf der Partnerschaftlichkeit aufbauende Beziehungsstörung sich ankündigt, die Projektion.

Um ermessen zu können, von welch immenser Bedeutung die scheinbar harmlose Einbeziehung von Kindern in Erwachsenenprobleme sein kann, muss man sich nur Extrembeispiele vor Augen halten. So etwa den Fall des 10-jährigen Timo, der von klein auf jeden heftigen Konflikt seiner Eltern mitbekam, weil niemand auch nur im Entferntesten daran dachte, ihm das zu ersparen. In einer besonders harten Konfrontation der Eltern, bei der der Vater im Vollrausch seine Frau mit einer Pistole bedrohte, stellte sich Timo schützend vor die Mutter, wurde also sogar in eine lebensgefährliche Situation hineingezwungen.

Ein ähnlicher Fall ist der 14-jährige Max, der seine Mutter zum Schutz vor dem eifersüchtigen, wütenden Vater in ein Zimmer einschließen musste und dann mit dem Schlüssel in der Hand weglief.

Zwar handelt es sich dabei um exponierte Fälle, doch haben in den letzten Jahren Berichte über ähnliche Ereignisse an Häufigkeit zugenommen; das lässt sich bei halbwegs aufmerksamer Lektüre großer Zeitungen und Magazine eindeutig feststellen.

Ein Fallbeispiel: Ein Grundschullehrer erzählt von Martin, der nicht hören will

»Martin, 8 Jahre, hatte von Anfang Schwierigkeiten, Arbeitsaufträge auszuführen. Ich muss ihn immer mehrfach ansprechen, bevor er reagiert. Er beschäftigt sich stattdessen lieber mit anderen Dingen wie den Sachen aus seinem Mäppchen oder seinem Sitznachbarn. Vielleicht eine Hörstörung? Zumal die Mutter von mehrfachen Ohrerkrankungen im Kleinkindalter sprach.

Skeptisch wurde ich, als er neulich nach mehrfachem Rufen in meine Richtung guckte und ich ihm mit deutlichen Gesten anwies, zu mir zu kommen, und er nicht reagierte. Nach mehrtägiger Überprüfung durch einen Arzt stellte sich heraus, dass am Hörvermögen des Jungen nichts fehlt. Die verständnisvolle Aussage der Mutter: ›Er hört eben nur das, was er hören will.‹«

Kapitel 6

Zweite Beziehungsstörung: Projektion – Eltern begeben sich unter das Kind

Das partnerschaftliche Verhältnis zum Kind ist heute der Regelfall. Einsetzend zu Beginn der 90er-Jahre gibt es heute kaum noch eine Familie, in der das Zusammenleben nicht überwiegend nach partnerschaftlichen Regeln erfolgt. Es wird viel erklärt, das Kind wird wahrgenommen auf Augenhöhe des Erwachsenen und in die typischen Prozesse der Erwachsenenwelt eingebunden.

Die Entwicklung der Gesellschaft, die bereits für den partnerschaftlichen Umgang mit Kindern als wichtiger Hintergrund fungiert, stellt den Erwachsenen jedoch vor zunehmend höhere Anforderungen und hat damit auch massive Auswirkungen auf das Verhältnis zu und den Umgang mit den Kindern.

Die Rahmenbedingungen der modernen Gesellschaft stellen den Erwachsenen zunehmend vor eine Situation, in der er in die Rolle des Bedürftigen hineingedrängt wird.

Was das bedeutet, will ich an einem Beispiel verdeutlichen. Noch in den achtziger Jahren des letzten Jahrhunderts war es eine ziemlich einfache Sache, sich einen Telefonanschluss zuzulegen. Dieser musste bei der Post beantragt werden, und auch, wenn man sich gelegentlich über die typisch langsame Arbeitsweise einer solchen Behörde geärgert haben mag, konnte man doch sicher sein, nach kurzer Zeit einen Telefonapparat in der Wohnung stehen zu haben, der an einem funktionierenden, ganz normalen Anschluss hing. Der Apparat war zudem meist Bestandteil eines Mietvertrages mit der Post, eine Kaufentscheidung über ein neues Telefon mithin nicht nötig.

Telefonieren heute bedeutet dagegen etwas völlig anderes. Vielfältige Entscheidungen sind zu treffen: Welches Telefon mit welchen Funktionen möchte ich haben? Was bedeuten überhaupt all die Abkürzungen und technischen Begriffe in der Beschreibung der einzelnen Produkte? Für welchen Anbieter entscheide ich mich, und wenn ich diese Entscheidung getroffen habe: Welcher Tarif des Anbieters ist für mich der optimale? All diese »Telefonentscheidungen« sind heute sogar doppelt zu treffen, denn wenn der Festnetzanschluss auch funktioniert, will doch beim Handyvertrag neu über die gleichen Fragen nachgedacht werden.

Hat man sich dann irgendwann tatsächlich ein Urteil gebildet und sowohl Telefon als auch Anschluss und Tarif sind gebucht, hören die Probleme meist nicht auf. Erst stellt man ungefähr eine Woche nach Vertragsabschluss fest, dass bereits wieder viel günstigere Angebote auf dem Markt sind, dann passiert es nicht einmal selten, dass der gewählte Anschluss auf Grund technischer Komplikationen nicht wie gewünscht funktioniert. Haushalte, die wochenlang ohne Internet- oder sogar Telefonanschluss dastanden, waren in den letzten Jahren keine Seltenheit. Auch der Anschluss eines Telefons ist heute nicht mehr einfach durch das Einstecken eines Steckers in die entsprechende Buchse zu bewerkstelligen, sondern muss zumeist am PC »konfiguriert« werden.

Dieses einfache und noch viel weiter auszuführende Beispiel aus der Telekommunikationswelt zeigt mehrerlei. Selbst die scheinbar einfachsten Dinge überfordern heute vielfach den Menschen. Technische Errungenschaften, manche davon bei näherer Betrachtung leidlich zweckfrei, stellen ihn im Alltag immer wieder vor Aufgaben, die unlösbar erscheinen. Der Aspekt der Telekommunikation ist im Übrigen noch in einer anderen Hinsicht beispielhaft: Der zunehmende Gebrauch technischer Geräte für die Kommunikation zwischen Menschen hat natürlich auch erheblichen Einfluss auf die Art des Umgangs miteinander. Persönlicher Austausch wird vordergründig unwichtiger, weil sich alles auf elektronischem Wege regeln lässt. Auch der Einfluss auf die Sprache selbst ist immens: So hat etwa das Medium der SMS eine ganze Reihe von Sprachverknappungen hervorgebracht, die noch vor kurzem vollkommen unverständlich gewesen wären und heute bereits ins Alltagsvokabular eingesickert sind.

Der Telefonanschluss ist nur ein Beispiel unter vielen, doch alle weisen in dieselbe Richtung. Menschen sind mit den Entwicklungen ihrer Umwelt überfordert, finden scheinbar keinen Anschluss mehr an die moderne Gesellschaft, fühlen sich »dumm« und »unfähig«, offensichtlich nicht in der Lage, mit simplen Dingen zurechtzukommen. Die angesprochene Abnahme persönlicher Kommunikation mag ein Weiteres dazu beitragen, dass solche negativen Erfahrungen auch untereinander kaum ausgetauscht werden, sondern jeder immer glaubt, die anderen könnten und wüssten all das, was man selbst nicht kann und weiß.

Für unser Thema bedeutet das Folgendes: Beim Erwachsenen entstehen in stark zunehmendem Maße Defizite in wichtigen Feldern des menschlichen Bewusstseins: bei Orientierung, Anerkennung oder Sicherheit. Es stellt sich ein Verlorenheits- und Isolationsgefühl ein, dass den Menschen seine natürliche Eingebundenheit in die Gesellschaft der Erwachsenen nicht mehr fühlen lässt.

Der partnerschaftliche Umgang mit Kindern ist die erste Reaktion auf eine solche Entwicklung. Ein sehr großer Teil der partnerschaftlich agierenden Erwachsenen ist jedoch bereits auf der zweiten Stufe angelangt: Er befindet sich aus meiner kinderpsychiatrischen Sicht in der Projektion.

Es liegt in der Natur der Dinge und ist archaisch tief angelegt, dass Kinder ihre Eltern lieben. Um die Absolutheit dieser Liebe zu verdeutlichen, muss man nur die typische Verhaltensweise von Kindern sehen, die sich in einer Misshandlungssituation befinden oder befunden haben und von den Eltern getrennt werden mussten. Diese Kinder streben häufig nach kurzer Zeit zu den Eltern zurück, erklären sich ihnen gegenüber loyal, in gewisser Weise lieben sie also selbst nach den schlimmen vorangegangenen Erfahrungen immer noch ihre Eltern.

Mir geht es jedoch um etwas anderes, nämlich die Tatsache, dass Eltern, die eigentlich die Projektionsfläche für die Liebe ihrer Kinder darstellen sollten, in eine Situation geraten, in der sie das Kind zur Befriedigung ihrer eigenen Bedürfnisse benötigen. Das Gleiche gilt für Erzieher und Lehrer, die gegenüber Kindern Respektspersonen darstellen müssten und ebenfalls Tendenzen zeigen, die ihnen anvertrauten Kinder als Projektionsfläche zu nutzen, um ihre eigenen Defizite zu kompensieren.

Respekt und Liebe sind in diesem Fall ein synonymes Begriffspaar, das die Tragik der Situation aufzeigt. Beide Worte bezeichnen Formen der Anerkennung des Individuums, eine Anerkennung, die sich Erwachsene normalerweise in der Erwachsenenwelt holen müssten. Die ständige Überforderung aller Erwachsenen jedoch macht das unmöglich, jeder Einzelne kreist vor allem um sich selbst und versucht, die Anforderungen des Alltäglichen zu meistern. Diese Erkenntnis gilt im Übrigen unabhängig vom sozialen Status: Eltern aus höheren Bildungs- und Wohlstandsschichten sind ebenso bedürftig wie solche aus bildungsferneren Kreisen.

Grundsätzlich unterscheide ich im Rahmen der Projektion zwei verschiedene Effekte beim Erwachsenen, die sich zusätzlich in unterschiedlichem Maße bei den Eltern oder beim weiteren Umfeld des Kindes zeigen und die ich in der Folge beschreibe:

1. Das Kind dient als Messlatte dafür, wie gut ich bin (gilt für Eltern).
2. Das Kind dient dazu, dass ich geliebt werden kann (gilt sowohl für Eltern als auch in hohem Maße für die Außenwelt, also Großeltern, Erzieher, Lehrer, Mitarbeiter in Heimen und Jugendämtern).

Das Kind als Messlatte

Was es bedeutet, wenn etwa Eltern ihre Kinder als Projektionsfläche verstehen, lässt sich an einem einfachen Beispiel zeigen. Das Verhalten der Kinder im Sozial- und Leistungsbereich unterliegt klassisch der Steuerung der Eltern. Normalerweise ist es so, dass ein Fehlverhalten der Kinder in diesem Bereich Sanktionen der Eltern nach sich zieht und dass richtiges Verhalten als nicht ausreichend eingeübt betrachtet wird, folglich ein weiteres Training notwendig ist.

Eltern in der Projektion reagieren anders. Sie verstehen das Sozialverhalten und die schulischen Leistungen ihres Kindes als Messlatte dafür, ob sie selbst als gute oder als schlechte Eltern zu gelten haben. Wenn das Kind sich in beiden Bereichen positiv entwickelt, ist daheim gute Arbeit geleistet worden, gibt es Probleme, geht das hundertprozentig negativ zu Lasten der Eltern. Im Ergebnis gibt es gerade bei diesem Punkt eine fatale Situation: Kein Kind zeigt in der Schule ausnahmslos gute Leistungen, ebenso, wie sich kein Kind ausnahmslos gut benimmt. Folglich schneiden alle Eltern, die sich bereits auf der Ebene der Projektion befinden, zumindest in dieser Frage schlecht ab.

Es kommt also hier zu einer Umkehrung des realen Machtverhältnisses: Der Erwachsene ist vom Kind abhängig, er definiert sein eigenes Selbstbewusstsein ausschließlich über das Verhalten des Kindes.

Das Kind ist dafür da, dass ich geliebt werden kann

Der Säugling lebt zu Beginn seines irdischen Daseins im Paradies. Es gibt Vollverpflegung und Wunschbefriedigung auf Knopfdruck, der Ansatz eines Schreis genügt, um die Eltern in Bewegung zu setzen. Die Entwicklung aus diesem Paradies in Richtung auf eine größere Selbstständigkeit und auf die Fähigkeit des Kindes, Phasen aushalten zu können, in denen Wünsche nicht subito befriedigt werden, erfolgt nicht automatisch, sondern unterliegt der Steuerung durch die Eltern und weitere mit dem Kind befasste Erwachsene.

Eltern jedoch, die der Projektion unterliegen, geben diese Steuerungsfunktion weitgehend auf, weil sie die normale Gegenreaktion ihres Kindes als Liebesentzug deuten, den sie auf Grund ihrer eigenen Bedürftigkeit nicht ertragen können.

Kinder empfinden die Tatsache, dass sie auf Wunschbefriedigung warten müssen, als unattraktiv und steuern mit den bekannten Mitteln gegen. Schreien, weinen, klagen, Anfälle körperlicher Aggressivität. Das ganze Repertoire kann schon mal zum Einsatz kommen, wenn etwa im Kindergarten sowohl der abliefernde Vater als auch die Erzieherin den sofortigen Gang auf den Spielplatz zur heiß geliebten Schaukel verweigern, weil dieser noch nicht auf dem Tagesplan steht.

Ein gutes Beispiel ist auch der motorische Bereich. Dieser ist nur dann angemessen zu fördern, wenn die entsprechende Bewegung vom Kind abverlangt wird. Es ist also keineswegs eine Entscheidung des Kindes, ob es eine vorher festgelegte Strecke auch wie gewünscht zurücklegt oder nicht. Kinder können, obwohl körperlich durchaus dazu befähigt, phasenweise sehr gehfaul sein, oder aber sie werden auf der geplanten Strecke durch andere Reize so abgelenkt, dass sie nicht mehr das ursprüngliche Ziel ansteuern wollen. Eltern müssten sich in diesem Fall gegen den Wunsch des Kindes durchsetzen und es zum Weiterlaufen animieren. Es würde bei einer entsprechenden Gegenreaktion des Kindes also ganz natürlich zu einem Konflikt mit den Eltern kommen, den beide Seiten aushalten müssten. Die Abhängigkeit in der Projektion führt jedoch in solch einem Fall dazu, dass diesem Konflikt ausgewichen wird, weil damit der Liebesentzug drohen würde. Es ist häufig zu beobachten, dass Kindern das Weiterlaufen nicht abverlangt wird, sondern die Eltern dem Drang nach Bequemlichkeit nachgeben. Einer der perversesten Erfindungen der letzten Jahre ist in dieser Hinsicht übrigens das so genannte Kiddy-Board, ein an den Kinderwagen anzuklickendes Rollgestell, auf das das ältere Kind sich stellen kann, wenn die Eltern das Baby im Kinderwagen schieben. Die Industrie reflektiert und unterstützt mit solchen Erfindungen passgenau die Entwicklung, die ich beschreibe, und erfindet Dinge, die Welt nicht nur nicht braucht, sondern die Fehlentwicklungen weiteren Vorschub leisten.

Häufig zu beobachten ist auch der Fall, dass die Entfernung zum Kindergarten eigentlich ein Kommen mit dem Fahrrad durchaus möglich machen würde, das Kind aber stets kutschiert wird, weil es deutlich gemacht hat, sich der Anstrengung des Radelns nicht unterziehen zu wollen. Manchmal wird die Möglichkeit des Fahrradfahrens auch ganz grundsätzlich nicht mehr abverlangt, die Projektion erzeugt hier also eine Art von vorauseilendem Gehorsam gegenüber den vermuteten Wünschen des Kindes, die aber gar nicht mehr eigens geprüft werden.

Diese Kinder sind dann kurze Zeit später auf Grund motorischer Auffälligkeiten in ergotherapeutischer Behandlung wiederzufinden oder nehmen psychomotorische Bewegungsgruppen in Anspruch. Es mutet wie ein schlechter Witz an, dass diese Kinder oft ganz selbstverständlich mit dem Auto zur Therapie gefahren werden, in der sie dann lernen sollen, wie sie in Bewegung kommen können. Und nachdem der Therapeut versucht hat, diesen Lernerfolg zu erzielen, wird dieser durch den Rücktransport per Auto dann auch gleich wieder ad absurdum geführt. Solche Situationen muten zwar zunächst wie skurrile Ausnahmen an, sind jedoch durchaus die Regel, da sowohl die transportierenden Eltern als auch das Personal in Kindergärten und Schulen nur noch das Symptom (das Kind hat motorische Schwierigkeiten) wahrnehmen, die Konsequenzen daraus jedoch an externe Stellen delegieren.

Delegiert wird von den Eltern neben den einschlägigen Therapieeinrichtungen vor allem an Erzieher im Kindergarten und Lehrer in den Schulen. Die Folge ist eine starke Zunahme auffälliger Kinder in den entsprechenden Einrichtungen, die dort mit Erwachsenen konfrontiert werden, die ihrerseits ebenfalls in der beschriebenen Welt der Überforderungen leben. Zu dieser allgemeinen Überforderung kommt noch die Erwartungshaltung der Eltern hinzu, die daheim nicht erreichten Erziehungsziele zu schaffen.

In der Folge ist zu beobachten, dass auch immer mehr pädagogisch tätiges Personal in ein Projektionsverhältnis hineinrutscht und damit nicht mehr in der Lage ist, sich selbst als pädagogisch tätig zu verstehen. Es wird fast ausschließlich darüber nachgedacht, wie man den Bedürfnissen des Kindes immer stärker entgegenkommen kann. Dabei wird das Kind im Sinne des partnerschaftlichen Denkens häufig in die Entscheidungsfindung mit hineingenommen. Eigentlich sollte der Kindergarten dem Kind Konstanz in Kategorien wie »Personen«, »Räume« und »Abläufe« bieten, um durch stete Wiederholung, einem wichtigen Kennzeichen von Konstanz, psychische Funktionen zu trainieren, die dem Kind eine problemlose Integration in die Gesellschaft (zunächst in Form der Schulfähigkeit) ermöglichen. Vor dem Hintergrund der Umkehrung des Machtverhältnisses in der Projektion ist diese Konstanz scheinbar obsolet geworden. Es wird vielmehr, wie bereits im Kapitel über Partnerschaftlichkeit beschrieben, fast ausschließlich den Impulsen der Kinder entsprochen, um Konflikten mit ihnen aus dem Weg zu gehen.

Auch der Erzieher im Kindergarten unterliegt auf diese Art und Weise der Hoffnung, vom Kind die Liebe und Anerkennung zu bekommen, die ihm die Gesellschaft verwehrt, auch er projiziert sich ins Kind und handelt nach dem Motto »Ich hole mir meine notwendige Liebe von den Kindern«. Die Erkenntnis, dass es sich hier nur um eine oberflächliche Zufriedenheit des Kindes handelt, kann sich im Rahmen der Projektion nicht einstellen. Fatal daran ist, dass dieser Erzieher sich auch nicht mehr dafür verantwortlich fühlen wird, dem Kind die psychischen Voraussetzungen mitzugeben, um mit sechs Jahren den Übergang in die Grundschule problemlos bewältigen zu können.

Das Drama dieser Entwicklung wird vor allem dann klar, wenn pädagogisch tätige Personen wie dieser Erzieher eine Fehlhaltung bei einem Kind beobachten. In der Projektion ist der natürliche Impuls des Erziehers, korrigierend einzugreifen und sich dem Kind damit als abgegrenztes Gegenüber zu präsentieren, nicht mehr vorhanden. Statt zu handeln rückt der Erzieher in die Person des Diagnostikers. Er betrachtet das Kind unter dem Aspekt der Sorge und stellt eine Diagnose. So ist vielfach zu beobachten, dass ein Kind, das sich überwiegend von den anderen Kindern separiert, vom Kindergartenpersonal nicht aus dieser Isolation heraus- und an andere Kinder herangeführt wird. Es wird vielmehr beobachtet und im Sinne partnerschaftlichen Denkens nach Erwachsenenkriterien als depressiv diagnostiziert.

Um es noch einmal deutlich zu sagen, was an dieser Stelle passiert: Der Erzieher, der dieses Kind in seinem spezifischen Verhalten wahrnimmt, sieht, von der Psyche her betrachtet, nicht das ihm als Pädagogen unterstellte Kind, sondern er sieht letztlich sich selbst. Denn genau das meint der Begriff der Projektion. Die natürliche Distanz zwischen Erwachsenem und Kind ist vollständig aufgehoben, der Erzieher nicht mehr in der Lage, seiner eigentlichen Aufgabe nachzukommen, weil er sich bereits unter der Ebene des Kindes befindet. Er muss das Verhalten des Kindes als krankhaft empfinden, denn ein auf seiner Ebene befindliches Individuum würde sich, genau wie er selbst, schließlich anders verhalten und wäre in der Lage, das von selbst zu erkennen, also auf die anderen Kinder zuzugehen.

Die logische Folge dieser aus der Projektion heraus entstandenen Sichtweise ist die Überstellung an einen Therapeuten, der sich der »Depression« dieses Kindes annehmen soll. Depressionen bei Kleinkindern, teilweise sogar schon vor dem Kindergartenalter zu diagnostizieren, hat in den letzten Jahren einen echten Aufschwung erlebt, besonders beliebt ist diese Diagnose in den USA, aber auch hierzulande mehren sich die Studien, die kindliche Verhaltensauffälligkeiten zu einem wesentlichen Teil auf depressive psychische Zustände zurückführen möchten. Es ist an dieser Stelle nicht der Ort, eine Fachdiskussion zu diesem Thema zu führen. Jedoch zeigt das angeführte Beispiel des Erziehers, welche falschen Rückkopplungen sich ergeben, wenn ein Erwachsener, der auf Grund von gesellschaftlich bedingten Defiziten in die Projektion geraten ist, sich dazu hinreißen lässt, seine Aufgabe nicht mehr im pädagogischen Handeln, sondern in der ärztlichen Diagnose zu sehen.

Als Kinderpsychiater bin ich neben meiner Praxis sehr viel im Heimbereich unterwegs und sehe die dort tätigen Fachkräfte ebenfalls mehr und mehr in die Projektion geraten. Zusätzlich gilt das auch für das Personal in Jugendämtern, im Grunde also für den ganzen großen Bereich der Jugendhilfe. Dort treffe ich in den letzten Jahren verstärkt das Phänomen an, dass Äußerungen von Kindern und Jugendlichen nicht mehr verifiziert werden, sondern ihnen ohne jede Überprüfung Glauben geschenkt wird.

Was bedeutet das? Es gibt Kinder und Jugendliche, die einem ihrer Meinung nach zu restriktiven Elternhaus zu entfliehen versuchen, indem sie sich um Aufnahme in eine Jugendwohngruppe bemühen, weil sie dort bessere Lebensbedingungen in Form von »mehr Taschengeld, mehr Ausgang und weniger Forderungen« erhoffen. Diese Jugendlichen schrecken zunehmend nicht davor zurück, mit Behauptungen, sie würden geschlagen, bekämen nichts zu essen oder würden eingesperrt, eine Aufnahme in solche Gruppen zu erlangen, obwohl die angeführten Gründe einer Überprüfung keineswegs standhalten würden. Jugendamtsmitarbeiter oder Personal eines Heims, die sich in der Projektion befinden, sehen jedoch häufig keine Veranlassung, die Angaben zu überprüfen, da sie in der unmittelbaren vermeintlichen »Hilfeleistung« an die Bittsteller ihren Wunsch nach dem Geliebtwerden unbewusst realisieren.

Lassen Sie das Kind doch! Druck durch das außerfamiliäre Umfeld

Supermarktbesuche mit Kindern von etwa fünf Jahren verlangen von den Eltern bisweilen eine annähernd masochistische Grundhaltung. Der Supermarkt ist die ideale Spielwiese für das in der Allmachtsphase befindliche Kind, seine Macht auszutesten, die Eltern unter Druck zu setzen und sich als kleiner Diktator aufzuspielen. Nicht ohne Grund befinden sich die Spielwarenabteilungen dieser Märkte häufig in unmittelbarer Kassennähe oder zumindest auf dem Hauptlaufweg innerhalb des Marktes. Kein Kind ist in der Lage, den bunten Verlockungen in den Regalen zu widerstehen. Der Versuch, die Eltern dazu zu bewegen, irgendetwas davon käuflich zu erwerben, ist quasi unausweichlicher Bestandteil jedes Ganges in den Markt.

Dabei ist nicht selten folgendes Phänomen zu beobachten: Das Kind quengelt und bestürmt die Eltern, ihm ein bestimmtes Spielzeug zu kaufen, nichts Großes, vielleicht ein Spielzeugauto. Die Eltern reagieren ablehnend, wissen um den gefüllten Autokorb daheim im Kinderzimmer und sagen dem Kind, dass es dieses Auto nicht bekommen werde. Ein normaler Vorgang, der mit der Absage an das Kind beendet sein müsste. Doch nun kommen die Umstehenden ins Spiel. Strafende Blicke treffen die vermeintlich herzlosen Eltern, die Vermutungen über die Hintergründe sind in den Gesichtern geradezu sichtbar. Die Küchenpsychologie hat

Hochkonjunktur in den Köpfen: Vielleicht sind die Eltern überarbeitet, haben nie Zeit und Ruhe für das Kind, vielleicht hängen sie auch völlig überholten autoritären Erziehungsprinzipien an. Auf jeden Fall ist die Lage für die Umstehenden eindeutig: Die Eltern verhalten sich falsch, es ist unrecht, dem Kind sein Verlangen nach dem kleinen harmlosen Spielzeugauto zu verweigern. Der typische Kommentar folgt irgendwann zwangsläufig: »Nun lassen Sie das Kind doch! Es ist doch nur ein Auto!« Mit etwas »Glück« fügt der so Tadelnde vielleicht noch einen ebenfalls typischen Satz hinzu, der für unser Thema an dieser Stelle bezeichnender kaum sein könnte, nämlich die Vermutung: »Sie wollten doch früher sicher auch gerne mal so ein Auto haben!« Dieser Satz verweist direkt aufs Zentrum des Problems. Der Erwachsene, der so spricht, befindet sich in der Projektion. Es geht ihm gar nicht um das Kind, dem er das Auto gönnt. Sondern er sieht, also projiziert, sich selbst im Kind, er fühlt, als wenn er selbst dieses Auto würde haben wollen und es von den Eltern verwehrt bekäme. Er begibt sich also auf die Stufe des Kindes, mit hinein in die Konfrontation mit den Eltern. Dafür bekommt er selbstverständlich vom Kind entsprechende Anerkennung. Bei dieser Anerkennung wiederum handelt es sich genau um diejenige Form, die dem Erwachsenen in der Projektion von seinem natürlichen Umfeld innerhalb der Gesellschaft nicht mehr zuteil wird.

Das partnerschaftliche Denken und der entsprechende Umgang mit Kindern sind mittlerweile die absolute Regel. Die Stufe der Projektion ist zwar ebenfalls bereits sehr zahlreich vertreten, doch gibt es immer noch viele Eltern, die im Großen und Ganzen ihre Kinder so führen, dass eine gewisse Hierarchie gewahrt bleibt. Diese Eltern sind jedoch durch den im Beispiel beschriebenen Umstand in ihrer richtigen Vorgehensweise gefährdet. In ihrem Umfeld leben viele

Menschen, die sich bereits in der Projektion befinden und eigentlich richtige Erziehungsprozesse unterlaufen.

Erweitert man den Begriff des Umfeldes noch etwas, wird das Dilemma noch deutlicher. So gehört in den letzten Jahren in der Bildungspolitik die Diskussion über eine Niveauabsenkung an den Schulen zum Standardrepertoire. Im Zuge einer »Bildung-für-Alle«-Mentalität wird davon ausgegangen, dass es sinnvoll sei, schwächeren Schülern die Möglichkeit zu geben, ihre Schulkarriere problemlos zu durchlaufen. Dabei wird der Bruch, den der Übergang in die Arbeitswelt auf Grund der Minderqualifikation notwendigerweise hervorrufen muss, scheinbar geflissentlich ignoriert. Diese vordergründige Ignoranz könnte auch bereits Ausdruck einer unbewussten Projektion im Bereich der handelnden Politiker sein. Auch hier steuert der Wunsch nach Anerkennung die Vorgehensweise, nicht die echte Analyse der Bildungssituation, die sich an den Standards früherer Tage orientieren müsste und dabei keinesfalls den Schluss zuließe, dass die Anforderungen an die Schüler zu hoch seien.

Viele Schulen bekommen heute nur noch deshalb eine einigermaßen große Zahl an Schülern durch die einzelnen Jahrgangsstufen geschleust, weil sich das System des Absenkens von Leistungsanforderungen auf breiter Basis durchgesetzt hat. So berichtete mir schon vor Jahren die Lehrerin an einer katholischen Hauptschule in Nordrhein-Westfalen davon, dass ihre Schüler im Schnitt mindestens eine ganze Schulnote besser benotet würden, als es ihren wahren Leistungen entspräche. Ansonsten würde es im Notenschnitt von Fünfern und Sechsern wimmeln und nur wenige Schüler würden die Versetzung in die nächste Klasse erreichen.

Hinsichtlich der Lehrer haben wir es hier übrigens mit einem doppelten Problem zu tun. Einerseits befinden sich diese, wie beschrieben, häufig bereits selbst in der Projektion, tragen die Entscheidungen der Politik weitgehend mit oder haben diese sogar in entsprechenden Gesprächen selbst angeregt.

Andererseits gibt es natürlich noch genügend Lehrer, die genau das eigentlich gar nicht wollen, vielmehr froh wären, wenn sie auf der Basis eines sinnvollen Anforderungsniveaus unterrichten könnten. Diese Lehrer werden in hohem Maße entmachtet, es werden ihnen die pädagogischen Mittel entzogen, um dieses Niveau durchzusetzen und die Kinder altersgemäß fördern zu können.

Nicht nur aus der Politik, sondern auch aus dem Elternkreis sind solche Pädagogen der Gefahr ausgesetzt, in ihrer Position geschwächt zu werden. Der Wunsch nach weniger Leistungsdruck und niedrigeren Anforderungen ist mittlerweile längst gesellschaftlicher Konsens. Lehrer, die sich nicht nach diesen Forderungen richten, kommen schnell in den Verdacht, autoritäre Knochen zu sein, eben »Pauker statt Partner«.

Das Beispiel im Supermarkt mag noch ein Schmunzeln hervorrufen, bezieht es sich doch auf eine noch einigermaßen steuerbare und nicht allzu häufige Situation. Dennoch ist der Blick aufs Umfeld eigentlich gesunder Eltern nicht unwichtig, denn in unmittelbarer Nähe vieler Eltern lauert ein mitunter großes Problem: die Großeltern.

Omas und Opas sind zum Verwöhnen da – Druck in der eigenen Familie

In der Großelterngeneration sind die gleichen Probleme zu beobachten, wie ich sie bisher für den pädagogischen Bereich und das nicht familiäre Umfeld beschrieben habe. Diese Generation hat in der Regel ihre eigenen Kinder, also die heutigen Eltern, im realistischen Machtverhältnis geführt, die meisten davon in der eingangs beschriebenen intuitiven Art und Weise. Die Kinder wurden in ihrem Fehlverhalten gespiegelt, sie wurden gefordert und konnten sich entsprechend psychisch normal entwickeln.

Heute zeigt sich leider häufig, dass dieselben handelnden Personen als Großeltern unbewusst darum bemüht sind, die – im besten Falle noch von den Eltern geforderte – Struktur abzubauen und aufzulösen. Sie unterstützen das grenzenlose Verhalten des Kindes, indem sie – in vermeintlich klassischer Großelternmanier – versuchen, alle Wünsche des Enkelkindes zu erfüllen. Sie sind damit in der großen Gefahr, sich ein narzisstisches Denkmal zu setzen, indem sie ihrem Enkel ein Erbe vermachen, das den jungen Erwachsenen ruinieren kann.

Auch auf diese Großeltern trifft die Feststellung der Projektion zu. Sie unterliegen den gleichen gesellschaftlichen Rahmenbedingungen wie alle anderen Erwachsenen, sind vielleicht zusätzlich durch eine älteren Menschen gegenüber nicht immer positive Umwelt negativ beeinflusst. Sie erleben dadurch die gleiche Überforderungssituation und verfallen den gleichen Kompensationsstrategien, haben es zusätzlich durch die generelle Milde, die gegenüber »Oma und Opa« in Erziehungsfragen gilt, noch leichter, dieses Verhalten als normal zu empfinden. Wohlgemerkt: Keinesfalls darf man an dieser Stelle die Begriffe des Verwöhnens und der Projektion durcheinanderbringen. Großeltern, die sich durch liebevolle Zuwendung zum Enkelkind auszeichnen, es also verwöhnen, sind damit nicht automatisch in der Projektion. Es ist sehr wohl möglich und auch häufig der Fall, dass ein Kind in einem vorgegebenen Rahmen bei den Großeltern Dinge tun darf, die es daheim nicht darf, ohne dass die Großeltern damit in ein Konkurrenzverhältnis zu den Eltern treten. Vielmehr basiert dieses Verwöhnen dann auf einer klaren Struktur dessen, was bei Oma und Opa erlaubt ist. Verhält sich das Kind hier entgegen dieser Struktur, würde es entsprechend geregelt werden und hätte trotz Verwöhnprogramms die notwendige Orientierung.

Bei den Großeltern-Enkel-Verhältnissen, bei denen das nicht der Fall ist, sondern eindeutig eine Beziehungsstörung in Form der Projektion vorliegt, kommt häufig noch der fatale Gedanke eines Wettbewerbs zwischen Eltern und Großeltern hinzu. Großeltern, die sich in der Projektion befinden, erliegen dabei gerne der Versuchung, sich gegenüber dem Enkelkind als »noch mehr liebend« als die Eltern darzustellen. Denkbar wäre beispielsweise eine Situation in einem Laden, in dem das Kind auf ein Regal zugeht, um sich dort einfach etwas zu nehmen. Während die Eltern das zu unterbinden versuchen, nutzen die Großeltern die Situation und korrigieren die Eltern gegenüber dem Kind, indem sie sich in den Vordergrund schieben und dem Kind den Griff ins Regal erlauben. Dass solche Probleme entstehen können, liegt auch daran, dass zwischen Eltern und Großeltern ein Kommunikationsproblem auf Grund unterschiedlicher Denkweisen herrscht. Die Großeltern sind in einem sehr starr auf traditionelle Denkweise ausgerichteten Umfeld groß geworden und haben ihre Kinder in diesem Sinne streng hierarchisch erzogen. Die moderne, partnerschaftliche Denkweise, die ihre Kinder als Eltern gegenüber den Enkeln an den Tag legen, passt nicht dazu, zwischen den beiden Denkweisen ist auch keine Vermittlung möglich, was eine Entfremdung zwischen Eltern und Großeltern zur Folge hat. Der Effekt ist letztlich folgender: Die Großeltern nehmen die Eltern ihrer Enkel nach wie vor als Kinder wahr, nicht als mittlerweile Erwachsene, und sind der Auffassung, diese müssten in ihrem Verhalten korrigiert werden. Gegenüber den

Enkeln führt das dann zum Fehlverhalten und zum Wettlauf in der innerfamiliären Erziehungsdiskussion.

Den Eltern bleibt dann oft gar nichts anderes übrig, als sich diesem unsinnigen Wettlauf zu stellen und mit den eigenen Eltern in eine absurde Konkurrenzsituation zu treten. Für die Kinder wiederum macht es diese Situation noch einfacher, ihre Steuerungsfunktion gegenüber den Erwachsenen auszuüben, denn nun können sie Eltern und Großeltern gegeneinander ausspielen und sich dabei sicher sein, dass diese das auch noch ganz toll finden. Denn je mehr sie sich vom Kind anstacheln lassen, vermeintliche Liebesbekundungen in welcher Form auch immer von sich zu geben, umso mehr fühlen sie sich selbst vom Kind geliebt und in ihrem Selbstbewusstsein gestärkt.

Ein Fallbeispiel: Sven und der Chemiebaukasten

Sven (10 Jahre) sitzt vor seinem Chemiebaukasten. Um ihn herum sind die Utensilien verteilt, er hat den gesamten Esstisch und vier der sechs Stühle beschlagnahmt. Auf einem Stuhl sitzt er, auf einem stehen seine Colaflasche und sein Glas, die beiden anderen hat er mit Reagenzgläsern, Teststreifen, etc. zugestellt.

Die Mutter hat Sven bereits vor 15 Minuten darauf aufmerksam gemacht, dass sie den Tisch für das Abendessen decken möchte. Sven hat nicht darauf reagiert.

Sie steht nun wieder vor dem Esstisch und sagt: »Sven, kannst du jetzt bitte deine Sachen wegräumen, ich möchte den Tisch decken. Es ist bereits 19.15 Uhr und du musst noch duschen.«

Sven reagiert ungehalten: »Gleich. Siehst du nicht, dass ich gerade etwas teste? Ich kann nicht einfach unterbrechen, weil du den Tisch decken willst.« Verständnisvolle Frage der Mutter: »Was für einen Test machst du denn da gerade?« – »Das verstehst du ja doch nicht«, murmelt Sven und wendet sich wieder seinem Mikroskop zu.

Svens Mutter geht daraufhin kommentarlos in die Küche und stellt alles auf der Anrichte bereit, was sie für das Abendessen benötigt. Ihre Freundin, die zu Besuch ist, findet Svens Verhalten unverschämt und fragt sie, warum sie sich ein solches Verhalten von einem Zehnjährigen bieten lässt. Svens Mutter versteht jedoch nicht, was ihre Freundin meint. Sie empfindet das Verhalten ihres Sohnes nicht als unangemessen, sondern ist stolz auf seine Intelligenz.

Kapitel 7

Dritte Beziehungsstörung: Symbiose – Wenn Eltern ihre Psyche mit der ihres Kindes verschmelzen

Der Anteil der Erwachsenen, die mit ihnen anvertrauten Kindern eine Beziehungsstörung in Form einer Projektion leben, ist nach meinen Beobachtungen in den letzten Jahren extrem gestiegen. Beginnend etwa Ende des letzten Jahrhunderts, handelt es sich heute um die dominierende Beziehungsstörung sowohl auf der Eltern-Kind-Ebene als auch beim pädagogischen Personal. Seit etwa fünf Jahren erlebe ich, ausgehend von den vielen Projektionsverhältnissen, eine weitere Verschärfung der Lage.

Konnten wir früher die Entwicklung des Kindes von der Geburt bis ins Kindesalter problemlos entlang der psychischen Entwicklung beschreiben, so ist dies heute unmöglich geworden. Der Grund dafür liegt in einer immer früheren Entwicklungsfixierung des Kindes in sehr frühen psychischen Entwicklungsstadien. Die Kinder, die in rein partnerschaftlich orientierten Verhältnissen groß geworden sind, haben zwar bereits nicht mehr das Glück, intuitiv von Eltern, Erziehern und Lehrern durch die Kindheit geleitet worden zu sein, besitzen jedoch im Vergleich immer noch erheblich mehr psychische Substanz als diejenigen, bei denen bereits lupenreine Projektionsverhältnisse vorherrschend waren.

Wie beschrieben, kommt es im Rahmen der Projektion zu einer Machtumkehr, d. h. der Erwachsene begibt sich auf eine Ebene unter das Kind, wird bedürftig, und das Kind ist plötzlich für die Bedürfnisbefriedigung zuständig. Dieser emotionale Missbrauch des Kindes führt zu seiner narzisstischen Aufwertung und aus tiefenpsychologischer Sicht zu einem Verbleib auf der psychischen Entwicklungsstufe eines Kindes im Alter von 18–30 Lebensmonaten.

Bei aller Fatalität der Entwicklung auf den erläuterten beiden Stufen haben diese jedoch immer noch eines gemeinsam: Eltern und Kinder sind noch jeder für sich individuell, und die Kinder nehmen andere Menschen noch als Menschen wahr. Die psychische Phase, in der sie im Rahmen der Partnerschaft fixiert sind und die ihr Verhalten auch auf höheren Alterstufen steuert, ist die der Allmachtsphase. Das Kind erlebt sich als »am größten«, »am besten«, »am schönsten«, usw. Es ist nicht in der Lage zu begreifen, dass zu einer funktionierenden Beziehung auch die Bereitschaft zum Konflikt, das Aushalten einer Verweigerungshaltung beim anderen gehört. Diese psychischen Funktionen werden in einem Projektionsverhältnis nicht mehr gebildet, trotzdem erkennt das Kind im Erwachsenen noch »das Andere«, das sich im nicht-gegenständlichen Bereich befindet. Falsche Verhaltensweisen von Kindern werden von Eltern auf der Partnerschaftsebene besprochen, ausführlich diskutiert und analysiert und in der Projektion noch wahrgenommen. In beiden Fällen werden sie jedoch nicht mehr entsprechend gespiegelt und korrigiert.

Auf der dritten Ebene der Beziehungsstörungen, die ich Symbiose nenne, fällt endgültig die Wahrnehmung des Kindes als Kind weg. Es kommt zur Verschmelzung der elterlichen Psyche mit der kindlichen und damit zu einer Fixierung des Kindes in einer noch früheren psychischen Entwicklungsphase. Folgendes Fallbeispiel zeigt recht eindrucksvoll, welche Auswirkungen auf das Zusammenleben von Eltern und Kindern die symbiotische Beziehungsstörung haben kann:

Der achtjährige Max wird mir durch seine Mutter vorgestellt. Er sei von Anfang an Sorgenkind. Bereits mit zwölf Monaten sei er verhaltensauffällig gewesen, habe die Eltern gebissen und gekratzt, manches Mal sogar blutig. Diese Verhaltensweise sei mit zwei Jahren extremer geworden. Ab diesem Alter hätten sich die Eltern zum Teil gewehrt, jedoch habe das zu keiner Veränderung geführt.

Im Kindergarten wurde er als aggressiv erlebt. Max habe dort aber auch nicht hingehen wollen und über vier Jahre jeden Tag deshalb geschrien. Die Erzieher hätten zum damaligen Zeitpunkt gemeint, das Kind schreie nach Hilfe, jedoch sei er in der aufgesuchten Erziehungsberatungsstelle als unauffällig eingestuft worden.

Seit der zweiten Schulklasse habe er große Probleme. Er mache keine Hausaufgaben, sitze zum Teil über drei Stunden vor den Büchern. Er höre nicht. Die Eltern erleben sich selbst als konsequent und streng, sie könnten jedoch bei ihm nichts ausrichten. Auch das Zimmeraufräumen sei ein Drama. Die Spirale drehe sich dann häufig so hoch, dass sie ihn manchmal auf den Po schlagen. Auch dies würde jedoch nichts ändern. Grundsätzlich akzeptiere Max keine Grenzen und suche permanent die Auseinandersetzung. Er habe jetzt Schwierigkeiten im Schreiben, verdrehe die Buchstaben. Die Lehrerin vermute eine Legasthenie.

Für Kinder hat die Verschmelzung der Psychen zur Folge, dass sie ein menschliches Gegenüber nicht mehr als solches erkennen können, sondern in eine gegenständliche Reaktionsweise verfallen, für die ich in Analogie zur Steuerung von Körperprozessen eine begriffliche Umschreibung entwickelt habe. Bildlich gesprochen fehlt diesen Kindern die »Nervenzelle Mensch«, es gibt bei ihnen lediglich eine »Nervenzelle Gegenstand«. Doch was heißt das genau?

Die Nervenzelle Mensch

Mit dem Bild der Nervenzelle Mensch lässt sich das Problem des Verhältnisses von Kindern zu ihrer Umwelt so beschreiben, dass man trotz der Unsichtbarkeit von Psyche eine Vorstellung davon bekommt, welchen Eindruck Äußerlichkeiten in den Tiefen des Kopfes hinterlassen. Kinder lernen bereits früh, dass sich um sie herum zahlreiche Gegenstände befinden, und sie realisieren auch die Leblosigkeit der Gegenstände. Ein Stuhl etwa, der dem krabbelnden und bald auch laufenden Kind im Weg steht, kann zur Seite geschoben werden, um ihm den Weg frei zu machen. Gegenstände wie der Stuhl halten auch einen etwas ruppigen Umgang mit ihnen aus, ohne dass sie eine Reaktion zeigen würden. Diese Tatsachen lernt jedes Kind früh auf natürliche Weise, es bildet sich – bildlich gesprochen – eine »Nervenzelle Gegenstand«, die durch das angesprochene ständige Training immer weitere Erfahrungen macht, die die Dinglichkeit der Umgebung manifestieren.

Andere Menschen, die sich häufig um das Kind herum befinden, also zuerst die Eltern, dann Großeltern, Erzieher, Lehrer, Freunde und Bekannte der Eltern, werden vom Kind zunächst einmal ebenfalls über die Nervenzelle Gegenstand definiert. Einen Unterschied zwischen dem Stuhl und einem Menschen, der auf diesem sitzt, gibt es bis auf weiteres nicht.

Das ändert sich erst in dem Moment, in dem die Menschen in der Umgebung sich dem Kind gegenüber als abgegrenzt präsentieren, ihm Widerstand entgegensetzen, wenn es sich in seinem kindlichen Narzissmus durchzusetzen versucht. Das Kind würde durch den Unterschied im Verhalten der sich abgegrenzt zeigenden Eltern gegenüber dem leblosen Stuhl den Unterschied zwischen Menschen und Gegenständen kennen lernen. Die Eltern lassen sich nicht steuern, der Stuhl sehr wohl. Wenn das Kind diesen Unterschied vergegenwärtigt hat, entsteht in seiner Psyche – bildlich gesprochen – eine neue Nervenzelle, die »Nervenzelle Mensch«.

Kinder und Jugendliche, bei denen sich die Nervenzelle Mensch durch das Aufwachsen im Rahmen einer symbiotischen Beziehungsstörung nicht bilden kann, verhalten sich ihrer Umwelt gegenüber grundsätzlich gegenständlich, sie haben auf allen Gebieten Defizite und sind hochgradig beziehungsgestört sowie arbeitsunfähig, so dass eine Integration in die Gesellschaft schwierig bis unmöglich wird. Die Herausbildung der Nervenzelle Mensch beim heranwachsenden Kind ist der entscheidende Punkt auf dem Weg zum funktionstüchtigen Erwachsenen.

Marcel

Um deutlich zu machen, welche Auswirkungen eine symbiotische Beziehungsstörung im ganz normalen Alltag haben kann, beschreibe ich hier den Fall des neunjährigen Marcel, der einer lokalen Zeitung eine halbe Seite Berichterstattung wert war.

Marcels Mutter hatte sich offensichtlich hilfesuchend an die Redakteure der Zeitung gewandt, um ihrem Begehr per Öffentlichkeit Nachdruck zu verleihen. Ihr Sohn hatte sich erhebliche Verletzungen zugezogen, als er gemeinsam mit einem Freund versuchte, einen Turm aus Getränkekisten zu erklettern, die im Lager eines Supermarktes auf Europaletten übereinandergestapelt standen. Beim Klettern war Marcel abgerutscht und aus einigen Metern Höhe auf den Boden gefallen.

Marcels Mutter ist der Ansicht, der Supermarkt habe durch die freie Zugänglichkeit des Geländes mit den Paletten und Kisten seine Verkehrssicherungspflicht verletzt und sei somit für den Unfall verantwortlich zu machen. Sie hat sich daher des Beistands eines Rechtsanwaltes versichert, um ihre Ansprüche geltend zu machen, zumal die Leitung des Supermarktes jede Verantwortung von sich weist und ihrerseits gute Gründe für das Stapeln der Paletten anführen kann, so etwa einen erhöhten Diebstahlschutz.

Die juristische Dimension dieser Geschichte soll und kann hier nicht erörtert werden. Dass ein Gericht zu der Ansicht gelangen könnte, das Gelände hätte abgesperrt sein müssen, ist durchaus im Bereich des Möglichen.

Für unseren Zusammenhang ist die Reaktion der Mutter des kleinen Marcel wichtig. Sie wird in dem Artikel unter anderem dahingehend zitiert, dass sie nicht der Meinung sei, ihre Aufsichtspflicht verletzt zu haben, sondern dass »man Neunjährige laufen lassen darf« und die Situation mit den Kisten ihren Sohn habe herausfordern müssen, die Mutprobe des Kletterns anzunehmen.

Das Argumentationsschema ist in diesem Fall ähnlich wie in Fällen des Bekletterns von Eltern in Beratungsgesprächen in meiner Praxis. Marcels Mutter ist nicht abgegrenzt und reflektiert das falsche Verhalten ihres Sohnes nicht. Sie kommt nicht auf die Idee, dass dieser absichtlich auf die Kistentürme geklettert sein könnte und sich daraus eine Mitverantwortung für den Unfall ergibt. Das zeigt sich sehr deutlich an einem weiteren Zitat im Artikel, in dem sie sagt, »die Türme« hätten Marcel »wohl zum Klettern verleitet«. Im Rahmen einer symbiotischen Beziehung zu Marcel nimmt sie diesen als eigenen Körperteil wahr, der selbstverständlich nicht absichtlich auf die Kisten geklettert ist, sondern durch diese selbst quasi magisch dazu animiert wurde. Die gegenteilige Meinung des Supermarktes und der Verweis auf das Thema elterliche Aufsichtspflicht können für sie keine Diskussionsgrundlage darstellen, da sie kaum mehr in der Lage ist, die Verantwortung für ihren Sohn als schützenswertes Kind überhaupt anzuerkennen.

Wie das Kind in der Symbiose als Körperteil des Erwachsenen verarbeitet wird

Basis dafür, dass der Erwachsene in die Symbiose gerät, ist die fortwährende Überforderung durch seine Umwelt. Die nicht mehr zukunftsweisende Gesellschaft, die auf einer enorm hohen Wohlstandsstufe zu ersticken scheint, kann die Frage nach Sinn nicht mehr beantworten. In der Folge fehlen dem Erwachsenen Gefühle wie Glück, Zufriedenheit, Erfüllung. Diese Anteile der Psyche, die sich auf Grund der spezifischen gesellschaftlichen Situation nicht mehr bilden, versucht der Erwachsene nun im Kind zu finden.

Psychische Anteile werden unbewusst aus der Psyche des Kindes herausgenommen und in die erwachsene Psyche eingebaut, ein Vorgang, den man mit Introjektion bezeichnet. Im Gegensatz zur Projektion, bei der der Erwachsene seine Wünsche auf das Kind verlagert und damit im Rahmen der Machtumkehr selbst zum Kind wird, während dieses die Rolle des Erwachsenen einzunehmen hat, ist dieser Gegensatz bei der Introjektion aufgehoben. Weil kindliche und erwachsene Psyche durch die »Entnahme« von Anteilen eins werden, spreche ich in diesem Zusammenhang von Symbiose, also einer Psychenverschmelzung. Das bedeutet letztlich nichts anderes, als dass das Glück des Kindes zum Glück des Erwachsenen wird.

Der Erwachsene kann auf Grund der Psychenverschmelzung nicht mehr zwischen sich und dem Kind unterscheiden, er beginnt, für das Kind zu fühlen, zu denken und zu handeln. In der natürlichen Entwicklung des Menschen ist dies eine Phase, die sich in den ersten zehn Monaten abspielt, in denen die Mutter in einer natürlichen symbiotischen Beziehung zum Kind lebt, da nur sie allein wissen kann, wann, was und wie viel das Kind essen kann.

Ab dem zehnten Lebensmonat müssen psychische Anteile zunehmend an das Kind delegiert werden, damit es eine normale Entwicklung nehmen kann. Kinder fangen in diesem Alter mit dem Laufen an und erweitern damit ihre Welt erheblich. Als eine Folge davon steigt die Bereitschaft des Kindes zu warten. Im Zuge der Welterfahrung durch das Laufen wird das Kind auch alles Mögliche ausprobieren, es betastet Gegenstände, leckt an ihnen, zieht und zerrt daran und erfährt auf diese Weise etwa, dass es weiche und harte, kalte und warme Gegenstände gibt. Es wird auch die Erfahrung machen, dass man bestimmte Gegenstände, wie etwa einen Stuhl, verschieben kann. Nach vielen Durchläufen des Ausprobierens würde irgendwann auch die Sitzfunktion des Stuhles durch Beklettern entdeckt.

Kinder, deren Eltern von der Ebene der Projektion auf die Ebene der Symbiose geraten sind, werden von diesen Eltern psychisch genauso verarbeitet, als wenn es sich um einen eigenen Körperteil handeln würde. Erkennen die Eltern bei den Kindern eine vermeintliche Fehlfunktion, kommt es zu einer Reaktion, die ausschließlich darauf ausgelegt ist, diese Fehlfunktion abzustellen und den gewünschten »Voll-Funktionszustand« wiederherzustellen.

Bei dieser Verarbeitung des Kindes als Arm, oder, allgemeiner gesprochen, als Körperteil lassen sich drei Reaktionsweisen unterscheiden, die für Eltern in einer symbiotischen Beziehungsstörung typisch sind:

1. Kindliche Impulse werden auf Grund der Verschmelzung von elterlicher und kindlicher Psyche von den Eltern als Eigenreiz und nicht als Fremdreiz verarbeitet.
2. Das Kind macht auch bei schwerwiegendem Fehlverhalten grundsätzlich nichts absichtlich bzw. »extra«.
3. Das Kind fordert bei Fehlverhalten eine sofortige, somit gegenständliche und nicht zwischenmenschliche Reaktion der Eltern heraus.

Verarbeitung der kindlichen Impulse als Eigenreiz

Wenn ein Impuls von außen auf unseren Körper einwirkt, kann man hinsichtlich der Verarbeitung im Gehirn grundsätzlich zwischen Eigenimpulsen und Fremdimpulsen unterscheiden. Der Unterschied ist recht simpel, für die symbiotische Reaktion aufs Kind jedoch entscheidend.

Beim Eigenimpuls handelt es sich um eine automatisierte Handlung. Wenn ich mich beispielsweise während eines Gespräches auf Grund eines plötzlichen Juckreizes am Arm kratze, registriere ich diesen aus meinem eigenen Körper kommenden Impuls kaum, er ist für mich so unwichtig, dass ich ihn auch nicht abspeichere. Fragt mich also einige Minuten später jemand danach, werde ich ihm nicht mehr sagen können, ob ich mich gekratzt habe oder nicht.

Anders beim Fremdimpuls. Würde jemand anders auf die Idee kommen, mich – aus welchem Grund auch immer – am Arm zu kratzen, würde ich das sehr wohl registrieren, auch im Gehirn abspeichern, und es würde mich aggressiv machen und meinerseits eine angemessene Abwehrreaktion herausfordern.

Diese unterschiedliche Verarbeitung von Impulsen spielt auch für die Reaktionsweise aufs Kind eine Rolle. Die Entdeckungsreise, die das Kind mit den Gegenständen seiner Umgebung macht, wird es automatisch auch mit den Menschen unternehmen, also in der Regel zunächst einmal mit den eigenen Eltern. Auch hier wird versucht, zu schieben, zu klettern oder zu lecken. Die normale Reaktion eines Erwachsenen wäre, auf diese Versuche des Kindes abgegrenzt zu reagieren, er würde sich also in der Regel nicht beißen, beklettern oder etwa kneifen lassen. Das kindliche Verhalten wird in diesem Moment dezidiert als Fremdimpuls verarbeitet, also als ein von außen kommender Reiz, der den elterlichen Körper in einer unangemessenen Weise beeinträchtigt.

Die Entscheidung, ob das Kind in einer Gesprächssituation unter Erwachsenen auf dem Schoß sitzen darf, würden Eltern normalerweise autark treffen, also nach Beurteilung der Situation, etwa Inhalt und Wichtigkeit des Gesprächs, das Sitzen zulassen oder aber das Kind auf liebevolle Art und Weise vom Schoß weg halten. Das Kind würde auf diese Weise erleben, dass der Mensch nicht in die Kategorie »steuerbarer Gegenstand« fällt, sondern, im Gegenteil, das Kind steuert. Es kommt also, wie bereits beschrieben, zur Ausbildung der »Nervenzelle Mensch«.

Eltern, die sich in einem symbiotischen Verhältnis zu ihrem Kind befinden, geben diesem keine Chance, die Herausbildung dieser Nervenzelle in Angriff zu nehmen, sondern lassen sich ganz selbstverständlich von ihnen als Gegenstand benutzen, da das Kind von ihnen als Eigenimpuls verarbeitet wird. Wie eingangs erläutert, ist für die Verarbeitung als Eigenimpuls charakteristisch, dass der entsprechende Reiz nicht auffällt, unwichtig ist und somit keinerlei Aufmerksamkeit erzeugt. Für die Beziehung zwischen Eltern und Kind also die denkbar schlechteste Situation.

Das führt beispielsweise zu absurd anmutenden Gesprächen mit Eltern in meiner Praxis. Diese bringen ihr Kind zum Beratungsgespräch mit, und es passiert Folgendes: Das Kind klettert während der Zeit, in der ich mich mit den Eltern unterhalte, auf ihnen rum, mal rauf, mal runter, zerrt an ihnen und zieht ihnen dabei manchmal fast die Kleidung vom Leibe. Darauf angesprochen, reagieren die meisten Eltern mit Erstaunen und der klaren Aussage, es störe sie nicht, wenn das Kind das mache. Sie verarbeiten in diesem Moment das Kind als Eigenimpuls, klettern also im weitesten Sinne selbst auf sich rauf und runter und empfinden es daher nicht als unangemessen.

Eine weitere symptomatische Situation ist beispielsweise, dass Kleinkinder der Mutter während eines Gespräches die neben dem Stuhl liegende Handtasche ausräumen. Diese reagiert darauf erst nach deutlichem Hinweis meinerseits, allerdings nicht in der zu erwartenden Art und Weise. Statt die Tasche hochzustellen, damit sie für das Kind unerreichbar wird, räumt sie ihre Sachen wieder ein und stellt die Tasche dann wieder auf den Boden, so dass das Kind von vorn beginnen kann. Auf dem Boden der Symbiose kann die Mutter nicht mehr erkennen, dass ihr Kind etwas Falsches tut. Dafür müsste sie abgegrenzt vom Kind sein, durch die Psychenverschmelzung ist sie jedoch eins mit ihm und begreift das Verhalten des Kindes als ihr eigenes, nicht korrekturwürdiges Verhalten.

Das Kind macht nichts »extra«

Bleiben wir noch einen Moment beim Beispiel des Arms. Eine beliebte Reaktion von Eltern, wenn man versucht, sie auf ein Fehlverhalten ihres Kindes hinzuweisen, liegt in der Aussage: »Das hat es aber nicht absichtlich (extra) gemacht«. Lege ich meine Hand an eine bestimmte Stelle, weil ich durch die entsprechenden neurologischen Prozesse meinen Arm dazu »aufgefordert« habe, so ist das eine kontrollierbare Situation: Ich kann sicher sein, wo die Hand landen wird. Nehmen wir für einen Moment an, die Hand liege an einer ganz anderen Stelle als von mir beabsichtigt und jemand anderes würde mich darauf aufmerksam machen. Ich würde automatisch versuchen, dieses Fehlverhalten des Arms und der Hand zu negieren. Die Begründung dafür würde lauten, der Arm habe das nicht absichtlich gemacht, das könne er ja schließlich gar nicht, da er eine Verlängerung von mir ist und als solche keinerlei Autonomie besitzt.

Übertragen auf die Praxissituation, wie sie sich mir häufig darstellt, bedeutet das: Ein frühkindlich narzisstisch fixiertes Kind, dem ich den Auftrag erteile, sich auf einen bestimmten Stuhl zu setzen, wird das in etwa einem Drittel der Fälle nicht tun und mich dazu zwingen, den Auftrag mindestens einmal zu wiederholen. Beschreibe ich den Eltern diese Situation, mache sie explizit darauf aufmerksam, dass das Kind mir keine andere Wahl gelassen hat, als mich von ihm steuern zu lassen und es erneut zu bitten, einen bestimmten Stuhl zu wählen, werden sie zu mir sagen »Das hat es aber nicht absichtlich gemacht«. Weise ich in so einem Fall darauf hin, dass eine so einfache und klare Anweisung kaum falsch zu verstehen sei, lautet das nächste Argument, das Kind habe Angst vor mir oder vor der Gesprächssituation. So würde das endlos weitergehen, immer neue fantasievolle Begründungen würden den Eltern einfallen, warum bei ihrem Kind im Falle des falsch gewählten Stuhls kein Fehlverhalten vorliegt. Der Grund ist ganz einfach: Das Kind wird als Körperteil seiner Eltern begriffen, und Körperteile können ja nichts absichtlich machen. Marcel aus unserem Beispiel ist also psychisch gesehen Körperteil seiner Mutter, auch er hat ihrer Meinung nach die Kistentürme keinesfalls absichtlich erklommen.

Der Erwachsene reagiert auf Kontaktaufnahme des Kindes reflexartig – Wie aus der Symbiose Gewalt gegen Kinder entstehen kann

Ganz grundsätzlich hat ein erwachsener Mensch nach außen gerichtet zwei Reaktionsmuster: ein zwischenmenschliches und ein gegenständliches. Wenn mich jemand anspricht, entscheide ich, ob ich mich demjenigen zuwende und ihm zuhöre, ich bin also mit meinem »Ich« dazwischen. Wenn ich mich aber stoße, kommt es zu einer reflexartigen Reaktion, die ich nicht kognitiv beeinflussen kann. Es ist unmöglich, sich zu stoßen und darüber nachzudenken, ob man reagieren will. Eltern in der Symbiose reagieren auf ihre Kinder im Sinne dieses Reflexes, also nicht bewusst und mit einer überlegten Handlungsweise.

Um die zwischenmenschliche Reaktion zu verstehen, kann man sich am besten folgende Situation vorstellen: Man läuft in der Stadt an einer belebten Stelle vorbei, an der sich unter anderem einige Personen aufhalten, die erkennbar auf »Stress« aus sind, also versuchen, Passanten zu beleidigen und zu provozieren. Normalerweise würde man in so einem Moment nach dem zwischenmenschlichen Reaktionsmuster handeln, nämlich der Provokation ausweichen, sich seinen Teil über den Provokateur denken und versuchen weiterzugehen. Der Mensch, der sich so verhält, zeigt sich abgegrenzt gegenüber seiner – auf ihn aggressiv einwirkenden – Umwelt und zeigt sich in der Lage, die eigene Reaktion willentlich zu beeinflussen.

Anders verhält es sich bei der gegenständlichen Reaktion. Diese zeigt sich etwa, wenn ich mich stoße und dabei reflexartig den Arm zurückziehe. Ich kann darüber nicht frei entscheiden, sondern lasse mir von meinem Arm die Reaktion vorschreiben.

Was hat das mit dem Verhalten des Erwachsenen gegenüber dem Kind zu tun? Ganz einfach: Das Kind wird vom Erwachsenen in der Symbiose nach dem gegenständlichen Reaktionsmuster verarbeitet. Da der Erwachsene das Kind psychisch als eigenen Körperteil verarbeitet, reagiert er auf die Ansprache des Kindes unreflektiert und reflexartig.

Ich erlebe das beispielsweise in meiner Praxis in Situationen wie dieser: Eine Mutter verlässt nach dem Einzelgespräch das Behandlungszimmer und ist auf dem Weg zur Anmeldung, um einen neuen Termin zu machen. Ihr Kind, das draußen gewartet hat, bestürmt die Mutter in diesem Moment mit einem Bild, das es während der Wartezeit gemalt hat, und fordert mit den Worten »Hab ich das nicht schön gemalt?« eine sofortige Reaktion der Mutter. Die in der Symbiose befindliche Mutter reagiert in solch einem Moment unmittelbar auf die Anforderung des Kindes, anstatt es zum Warten aufzufordern, bis sie ihren Gang zur Anmeldung vollendet hat. Nicht selten vergisst die Mutter scheinbar völlig, was sie gerade eben noch machen wollte, da ihre Aufmerksamkeit vollständig vom Kind aufgesogen wird.

Für das Kind ist diese Erfahrung fatal, weil es sich damit davon überzeugt hat, die Mutter in seinem Sinne steuern zu können. Bei älteren Kindern erlebe ich es häufig, dass diese eine ganze Weile auf die Eltern warten und genau in dem

Moment, in dem diese den Heimweg antreten wollen, darauf bestehen, zur Toilette gehen zu müssen. Sie hätten zwar die ganze Zeit vorher die Gelegenheit dazu gehabt, nutzen jedoch diesen Moment, um sich davon zu überzeugen, dass die Eltern immer noch so reagieren, wie das Kind es wünscht.

Auswirkungen auf die psychische Entwicklung des Kindes

Körperteile werden jedoch in der Regel nicht ständig bewusst wahrgenommen, sie sind ja standardmäßig am Körper dran. Ist Ihnen schon einmal aufgefallen, wie viele Kleinkinder und Kinder unbeaufsichtigt am Straßenverkehr teilnehmen, oft gar Gefahr laufend, tödlich zu verunglücken? Auch das liegt an einer symbiotischen Beziehungsstörung der Eltern. Das Kind wird von diesen nicht mehr wahrgenommen. War es im Rahmen der Partnerschaftlichkeit und auch der Projektion noch in seiner Präsenz wichtig, so ist es in der Symbiose vollkommen in der Psyche der Eltern aufgegangen und wird als eigenständiges Lebewesen gar nicht mehr realisiert, sondern in der beschriebenen Art und Weise als elterlicher Körperteil gesehen. Durch diese fehlende Abgrenzung bildet sich bei den Kindern eben auch die »Nervenzelle Mensch« nicht aus, den Kindern ist durch die defizitären Erwachsenen in ihrer Umgebung völlig die Möglichkeit genommen zu lernen, dass Menschen sich anders verhalten als Gegenstände, sich also nicht freiwillig beklettern, verschieben oder gewaltsam behandeln lassen.

Was bedeutet das genau fürs Kind? Die fehlende Ausbildung der »Nervenzelle Mensch« führt zu einer Fixierung des Kindes auf der psychischen Reifestufe eines Alters von zehn bis 16 Lebensmonaten. Es verbleibt trotz steigenden Lebensalters in der frühkindlichen Fantasie, allein auf der Welt zu sein und alles steuern zu können, weil es nicht die wichtige Erfahrung machen durfte, dass ein Mensch sich anders verhält als Gegenstände. Im Rahmen einer Besprechung zwischen Eltern und Arzt anwesend, würde ein Kind dieser psychischen Reifestufe sich immer entsprechend dieser »Ich-kann-alles-Steuern«-Fantasie verhalten. Es würde an alle möglichen Dinge gehen, nicht aus Interesse an den Dingen selbst, auch nicht aus eigenem Mittelpunktstreben, sondern weil es darüber bestätigt bekommt, dass die Erwachsenen in seinem Sinne reagieren. Es will erreichen, dass der Erwachsene das Gespräch unterbricht und auf das Kind eingeht, es regelt. Wichtig für eine positive Entwicklung wäre jedoch, dass der Erwachsene deutlich macht, dass er sich nicht steuern lässt.

Wenn das Kleinkind merkt, dass der Erwachsene nicht möchte, dass es an einen bestimmten Gegenstand geht, wird es erst recht an diesen Gegenstand gehen, beispielsweise an eine Lampe. Wenn der Erwachsene in dieser Situation mit Blickkontakt, also äußerlich erkennbarer Zuwendung auf das Kind zugeht, wird das Kind grinsend beweisen, dass es immer weiter das Licht an der Lampe an- und ausmacht. Bevor der Erwachsene das Kind greifen kann, wird es dann um den Tisch herumlaufen und es witzig finden, dass der Erwachsene es nicht erwischt. Höhepunkt dieser Szene könnte schließlich sein, dass dem Erwachsenen oder dem Kind in der Aufregung die Lampe vom Tisch fällt und dabei kaputtgeht. Es kann dann passieren, dass das Kind auch das noch witzig findet und sich darüber kaputtlacht. Kinder in einer symbiotischen Beziehung sind auf Grund ihrer Fixierung in dieser frühkindlichen narzisstischen Phase immer derart respektlos, dass solche Situationen eskalieren. Die psychische Funktion des Respekts hätte sich nur bilden können, wenn durch abgegrenzte Eltern die »Nervenzelle Mensch« trainiert worden wäre.

Viel häufiger als in meiner Praxis ist diese Situation im häuslichen Umfeld anzutreffen, wenn Kinder sich weigern, Hausaufgaben zu machen, sich anzuziehen, weil ein Termin ansteht, oder bestimmte kleinere Aufträge auszuführen. Die Verweigerungshaltung des Kindes erzeugt bei den Eltern in der Regel sofort Druck, weil sie das Gefühl bekommen, dass sich ihr eigener Körperteil weigert, eine Funktion richtig auszuführen. Das Gefühl des Drucks führt zu gesteigerter Aufregung mit dem Ergebnis entsprechender Strafandrohungen oder schließlich gar dem Abstrafen des Kindes.

Bleiben wir einen Moment beim Beispiel der Hausaufgaben, weil sich daran zeigen lässt, dass es weniger auf die konkrete Handlungsweise der Eltern ankommt als darauf, welches Ziel sich hinter dieser Handlungsweise versteckt, d. h., ob die Eltern zwischenmenschlich oder gegenständlich reagieren.

Bei der zwischenmenschlichen Reaktion wäre den Eltern bewusst, dass das Verweigern der Hausaufgaben eine freche Verhaltensweise des Kindes darstellt. Die normale Reaktion der Eltern würde folglich darin bestehen, sich dieser provokativ wirkenden Verweigerungshaltung von Seiten des Kindes nicht zur Verfügung zu stellen, sich also abgegrenzt zu zeigen (genau wie bei den Provokateuren, an denen man in der Stadt einfach vorbeigeht) und dem Kind damit zu bedeuten, dass es die Eltern mit seinem frechen Verhalten nicht steuern kann. Es ist sehr wohl denkbar, das Kind wegen dieser Frechheit auf sein Zimmer zu schicken. Sinn dieser Handlung wäre die räumliche Trennung, um auf diese Weise zu einem natürlichen Aggressionsabbau beim Kind zu kommen.

Indes: Auch Eltern in der Symbiose würden ihr Kind in der gleichen Situation vielleicht aufs Zimmer schicken. Allerdings wäre das in diesem Falle dezidiert als Bestrafung des Kindes gedacht. Die kindliche Verweigerung würde in diesem Moment als ein Nicht-Funktionieren eines eigenen Körperteiles aufgefasst, es wäre also – bildlich gesprochen – der eigene Arm des Erwachsenen, der sich weigert, die Hausaufgaben zu erledigen. Um diesen Zustand zu ändern, erfolgt der Versuch, den Arm zum Schreiben zu bewegen, indem man von außen auf ihn einwirkt (die Bestrafung des Kindes). Nicht erkannt wird dabei die Sinnlosigkeit dieses Tuns, da es so schlicht unmöglich ist zu erreichen, dass das Kind schreibt.

Der Erwachsene erkennt also in der beschriebenen Situation nicht die Frechheit des Kindes, sondern ist lediglich bemüht, dessen scheinbare »Funktionsuntüchtigkeit« durch Abstrafen zu beheben.

Übrigens: Vielleicht stolpern Sie beim Lesen ein wenig über das kleine Wörtchen »frech« (wenn nicht: umso besser ...). Das zeigt, wie sich auch unsere Umgangssprache den veränderten Gegebenheiten angepasst hat. Ein freches Kind, früher eine recht gebräuchliche Formulierung, gibt es heute kaum noch. Ausdrücke wie dieser, die eine respektlose Handlungsweise des Kindes mit einem eindeutig negativ konnotierten Begriff belegen, sind zunehmend positiv umgedeutet und mit entsprechenden anderen Begriffen ausgestattet worden. Ein Kind ist also nicht mehr frech, sondern es demonstriert Selbstbewusstsein und Handlungsinitiative!

Die Schwierigkeit liegt darin zu verstehen, dass der Verweis des Kindes in sein Zimmer keinesfalls eine Strafe darstellt, sondern lediglich im Sinne einer zwischenmenschlichen Reaktionsweise dem Kind bedeutet, dass seine Eltern das Spiel nicht mitmachen, sich eben nicht zur Verfügung stellen und somit nicht beliebig gesteuert werden können.

Darüber hinaus kann das Kind auf diese Weise am besten seine Aggressionen abbauen.

Auf dem Weg in ein Land, in dem Kinder gehasst werden

Es ist mit der Unterscheidung zwischen gegenständlichem und zwischenmenschlichem Reaktionsmuster durchaus zulässig, das durch viele Studien belegte Ansteigen der Gewalt gegen Kinder in der heutigen Gesellschaft zu einem guten Teil auch auf die Beziehungsstörung der Symbiose zurückzuführen. Hält man sich dann vor Augen, dass der Anteil der Eltern, die sich bereits in der Symbiose befinden, gegenüber den Vorstufen Partnerschaftlichkeit und Projektion noch relativ gering ist, wird die gesamtgesellschaftliche Dimension des Problems deutlich. Langfristig gesehen sind wir damit auf dem Weg in ein Land, in dem Kinder gehasst werden, stehen also vor einer totalen Umkehr jeglicher historischer Überlieferung, nach der Kinder das höchste Gut und die Zukunftssicherung einer Gesellschaft darstellen.

Wenn der »Arm« nicht mehr gehorchen will, entsteht der beschriebene Druck, die Funktionsuntüchtigkeit zu beheben. Das klappt allzu oft nicht wie gewünscht. Eben aus diesem Grunde hat verbale und auch körperliche Gewalt in den Familien signifikant zugenommen und wird nach meiner Prognose auch in näherer Zukunft weiter ansteigen.

Die über ihren Arm verärgerten Eltern beleidigen und beschimpfen ihre Kinder manchmal auf heftigste Art und Weise, benutzten Vokabeln, die ihnen im Umgang mit Erwachsenen niemals über die Lippen kommen würden. Und es müssen auch nicht nur Worte sein. Bereits das unkontrollierte Erheben der Stimme, also das sinnlose Anschreien eines Kindes, wenn es nicht gehorchen will, ist »verbale Gewaltanwendung«. Edukativ wird das Anschreien beim Kind ohne jeden merkbaren Erfolg bleiben, von diesem auf der Grundlage der symbiotischen Beziehungsstörung jedoch als »Zuwendung« interpretiert werden, folglich einen weiteren Beweis dafür darstellen, dass die Eltern steuerbare Gegenstände sind. Zusätzlich liegt darin die Gefahr der Potenzierung des elterlichen Ärgers, denn die fehlende Rückmeldung des Kindes in Form von Gehorsam stellt den Erwachsenen natürlich nicht zufrieden. Er wird also noch ärgerlicher und genervter, schreit noch mehr rum und hat noch weniger Erfolg damit, bestätigt die »Nervenzelle Gegenstand« beim Kind immer wieder aufs Neue und verhindert zuverlässig die Ausbildung der »Nervenzelle Mensch«. Letztlich begeben sich Eltern damit in einen fatalen Kreislauf, dem zu entrinnen irgendwann sehr schwer wird.

Der Schritt von dieser sich potenzierenden verbalen Gewalt zu körperlicher Gewaltanwendung ist dann irgendwann nur noch ein sehr kleiner. Irgendwann kann dann also sehr wohl die letzte Sicherung durchbrennen, und das Kind wird geschlagen oder auf andere Art körperlich misshandelt. Gerade bei sehr bemühten Eltern entstehen diese fatalen Situationen durch das Gefühl der Ohnmacht gegenüber dem eigenen Kind.

Diese Herleitung körperlicher Gewalt erklärt auch, warum dieses Phänomen durchaus nicht auf Familien mit einer »Tradition« des Schlagens beschränkt ist. Dieses Erklärungsmuster griff früher noch recht häufig, als bei einer normalen Psycheentwicklung der Kinder eher neurotische Verhaltensmuster von den Eltern an die Kinder weitergegeben wurden. Heute schlagen in zunehmendem Maße auch Eltern ihre Kinder, die selbst von den Eltern niemals Gewalt erleiden mussten und durchaus liebevolle Erziehung erfahren haben.

Bei diesen Eltern kann Gewalt gegenüber Kindern nur entstehen, wenn sie diesen gegenüber nicht mehr abgegrenzt reagieren, sondern sie als nicht-funktionalen Teil ihres eigenen Selbst wahrnehmen.

Das Verbleiben in der frühkindlich-narzisstischen Phase und die fehlende Fähigkeit, sich steuern zu lassen, führen auch zu dem häufig zu beobachtenden Phänomen, dass ein Kind gar nicht mehr abzuwägen versteht, welche Reaktion sein Verhalten hervorrufen wird. Es fragt sich nicht, ob es Ärger bekommen könnte, wenn es etwas kaputt macht, sondern zerstört einfach Dinge, nimmt Kritik uninteressiert in Kauf und macht anschließend mit dem gleichen Fehlverhalten weiter, ohne sich für die daraus resultierenden Sanktionen auch nur im Ansatz zu interessieren.

Diese Korrekturresistenz hat fatale Konsequenzen, denn die Herausbildung einer gesunden Psyche baut wesentlich auf der steuernden Funktion von Konflikten auf. Konflikte lassen Kinder erkennen, was richtig und was falsch ist, sie weisen eine Richtung. Kindern, die sich durch das Aushalten und Verstehen der Konsequenzen von Konflikten diese Richtung nicht mehr weisen lassen, haben folgerichtig die Orientierung im Leben nicht. Es gibt mehrere alte Sprachbilder, die die Situation verbildlichen: Diese Kinder sind »vom rechten Weg abgekommen« und »laufen komplett neben der Spur«.

Die Sozialkompetenz dieser Kinder ist so gut wie nicht ausgeprägt. Sie sind nicht in der Lage zu erkennen, dass das eigentlich Interessante im Leben der Mensch bzw. »das Menschliche« ist, und nicht irgendwelche leblosen Gegenstände. Auf Grund ihres »Desinteresses« an Menschen wirkt ein Teil dieser Kinder oft wirklich dumpf. Letztlich hat man sogar den spontanen Eindruck, es liege eine geistige Behinderung vor.

Ein Beispiel aus meiner Praxis: Kommen Eltern mit ihrem Kind zu einem Gesprächstermin, so gehe ich ihnen immer entgegen, um alle Beteiligten zu begrüßen. Während die Eltern mir die Hand geben, registrieren die Kinder oft den Gehalt der Situation überhaupt nicht. Sie spielen weiter auf dem Boden, gehen ohne Begrüßung an mir vorüber oder schauen mich an, als ob sie überhaupt nicht wüssten, welche Reaktion nun von ihnen erwartet wird. Reichen sie doch die Hand zur Begrüßung, wirkt es oft regelrecht formal, anerzogen und in jedem Fall unecht. Diese Kinder meiden oft jeden Blickkontakt, sie weisen kaum Mienenspiel auf, man hat den Eindruck, ein geradezu »leeres Gegenüber« zu haben. Spricht man mit diesen Kindern, merkt man schnell, dass sie in ihrem Kommunikationsverhalten rein funktional ausgerichtet sind, ihre sprachlichen Äußerungen sind darauf ausgerichtet, den Erwachsenen zu steuern, mit einer Unterhaltung im eigentlichen Sinne hat das nichts zu tun.

Kommunikationssituationen im elterlichen Haushalt laufen ebenfalls nach diesem Muster ab, sehr schön beobachten lässt sich das etwa, wenn ein solches Kind beim Tischdecken helfen soll. Auf den klar formulierten Auftrag »Deck bitte den Tisch!«, den beispielsweise ein fünfjähriges, psychisch gereiftes Kind ohne große Nachfragen für seine Eltern ausführen würde, reagiert das frühkindlich-narzisstisch fixierte Kind zunächst einmal mit Nachfragen oder Widerspruch. »Warum schon wieder ich?« wäre eine typische Frage, oder auch ständiges Ersuchen um Bestätigung, etwa »Die Messer auch?« und wenig später »Die Gabeln auch?« Im Extremfall wird der ganze Auftrag auch einfach ignoriert. Ein zweites Formulieren des gleichen Auftrages führt allerdings in den meisten Fällen dazu, dass dieser auf einmal ausgeführt wird. Den meisten Erwachsenen reicht das, da ja die Anstrengung zum Erfolg geführt hat. Sie bemerken aber dabei nicht, dass sie sich vom Kind haben steuern lassen. Die entsprechenden Symptome werden von den Erwachsenen gar nicht wahrgenommen. Tonfall, Wortwahl, Kommentierung der Handlungsweise des Erwachsenen, all diese Dinge stimmen bei den Kindern nicht mit einem altersgemäßen Verhalten überein. Alles dient ausschließlich dazu, die Eltern zu beurteilen und zu steuern. Sie überprüfen anhand der lediglich von ihnen ausgebildeten »Nervenzelle Gegenstand« immer wieder, ob ihr menschliches Gegenüber sich auch weiterhin gegenständlich verhält. Bei älteren Kindern läuft diese Überprüfung schwerpunktmäßig verbal ab.

Im Rahmen der Symbiose kommt es also zu einer völlig falschen Einschätzung von Kindern. Bei Problemen wird nicht abgegrenzt als Erwachsener reagiert, indem dem Kind Regeln, Strukturen und Verhaltensweisen aufgezeigt, abverlangt und immer wieder trainiert werden, damit die zugehörigen psychischen Funktionen sich bilden können.

Es wird vielmehr darauf hinauslaufen, dass das Kind als krank empfunden wird, so wie ein nicht funktionstüchtiger Körperteil. So erklärt sich die auffällige Häufung von Krankheiten, mit denen Schulprobleme von Kindern erklärt werden sollen. Dyskalkulie, Legasthenie oder ADHS sind die absoluten Chartstürmer in den Hitlisten der Kinderkrankheiten. Die Diagnose indes wird dabei keineswegs Kinderärzten oder Psychiatern, medizinischen Experten also, überlassen, sondern erfolgt durch die Eltern selbst. Für Erstere besteht somit überhaupt keine Chance mehr, regulierend auf die Beziehungsstörungen einzuwirken. Der Besuch eines Mediziners dient den Eltern im Grunde nur noch der Selbstbestätigung, dass sie mit ihren Diagnosen richtig liegen. Bei gegenteiliger Meinung des Arztes wird reagiert, wie ich es oben beschrieben habe, immer neue Begründungen ge- und erfunden, warum die Kinder auf eine bestimmte Art und Weise agieren und reagieren. Was das für den Arzt bedeutet, mag man sich in etwa vorstellen, wenn man sich in die Lage eines Automechanikers versetzt, der einen Wagen mit einem platten Reifen in die Werkstatt bekommt, bei dem der Kunde ihm mitteilt, er möge bitte den Motor reparieren, denn dieser sei definitiv der Grund dafür, dass er nicht mehr richtig vorankomme. Dieses Beispiel dürfte recht nah an meinem Thema sein, hält man sich die innige Beziehung vor Augen, die die Deutschen bisweilen zu ihren fahrbaren Untersätzen pflegen. Es macht auch deutlich, dass Kinder im Rahmen der Symbiose verdinglicht werden, den Status von unpersönlichen Dingen wie unselbstständigen Körperteilen oder gar Gegenständen zugewiesen bekommen.

Es kann somit von den Eltern überhaupt nicht mehr die Erkenntnis erwartet werden, dass ihre Kinder mit voller Absicht das als krankhaft empfundene Verhalten zeigen. Sie werden nur auf ihre vorgefertigte Diagnose zugeschnittene Verhaltensmaßregeln akzeptieren. Lautet der elterliche Befund etwa auf Legasthenie, werden ausschließlich Ratschläge und Hinweise erwartet, wie man dem Kind möglichst effektiv vernünftig Lesen beibringen kann.

Das Modell der Symbiose erklärt auch die zunehmenden Schwierigkeiten, die Lehrer und Erzieher mit Eltern haben, wenn es darum geht, gemeinsam kindlichen Auffälligkeiten auf die Spur zu kommen. Beschwerden der Kinder über Lehrer werden von in der Symbiose befindlichen Eltern in der Regel so aufgefasst werden, dass dieser Lehrer etwas falsch gemacht haben muss, weil der »Körperteil Kind« eben unmöglich absichtlich Unsinn machen oder für schlechte Leistungen verantwortlich sein kann. Auch der umgekehrte Fall einer Beschwerde des Lehrers wird zumeist mit einem Vorgehen gegen den Lehrer beantwortet werden.

Die Folge dieser Perspektive auf das Lehrpersonal im Speziellen und die Institution Schule im Allgemeinen ist ein zunehmender Protest gegen das Niveau der Leistungsanforderungen in der Schule. Fordernde und Struktur vorgebende Lehrer gelten dann schon mal als reaktionär, die Folge eines durch die Jahrzehnte hindurch pervertierten Autoritätsbegriffes, der ausschließlich negative Konnotationen hervorruft. Diese Lehrer werden von den Eltern als kalt, abweisend und lieblos gegenüber den Kindern empfunden. Statt den Blick auf die Kinder und den eigenen Umgang mit ihnen zu richten und zusätzlich eine Diskussion über Unterrichtsmethoden etc. zu führen, erfolgen Beschwerden bei Schulleitern und Schulaufsichtsbehörden. Entstanden ist hier ein ganz grundsätzliches Missverständnis, welches Struktur so definiert, dass damit Druck auf die Kinder aufgebaut werde, den diese nicht aushalten können. Übersehen wird dabei jedoch, dass es sich gerade umgekehrt verhält: dass eindeutige Strukturen nämlich verlässliche Orientierung bieten und damit überflüssigen Druck von den Kindern nehmen.

Kinder genießen prinzipiell einen hohen gesellschaftlichen Stellenwert. Gesetze zu ihrem Schutz gibt es viele, neue werden erdacht, und ganze Legionen von Wissenschaftlern, Pädagogen, Eltern und anderen Gruppen machen sich Gedanken darüber, wie es den Kindern am besten gehen könne. Indes: All dieses Tun ist nicht selbstlos, sondern der Sinn des Tuns definiert sich über den sichtbaren Erfolg, also selbstständige, glückliche Kinder. Dieser gewünschte Erfolg jedoch bleibt in immer größerem Ausmaß aus.

Die Erkenntnis, dass die doch so geschützten Kinder nicht wie erhofft reagieren, sondern sich ganz im Gegenteil zu kleinen Monstern und Tyrannen entwickeln, deren Respektlosigkeit grenzenlos erscheint, führt allmählich zu einer immer stärkeren Ablehnung innerhalb der Gesellschaft, also einer anderen Form von Gewalt.

Die Tendenz ist heute bereits erkennbar: Kinder werden als störend empfunden, als Belastung der Gesellschaft, und werden in der Konsequenz abgelehnt. Immer häufiger tauchen in den Medien Berichte auf über Jugendliche, die »keinen Bock« haben, arbeiten zu gehen, statt dessen für ihr Recht auf Party und Selbstverwirklichung plädieren. Solche von der Gesellschaft letztlich als nichtsnutzig empfundene Jugendliche provozieren die genannte Ablehnung, ohne dass jemand in der Lage wäre zu sehen, dass die fehlende Ausbildung psychischer Funktionen wesentlich für die nicht zukunftsgerichtete Verhaltensweise verantwortlich ist. Wenn wir diesen Prozess ungehindert weiterlaufen lassen, kann das zu katastrophalen Auswirkungen für die gesamtgesellschaftliche Entwicklung führen, da eine Gesellschaft, die Kinder hassen gelernt hat, in sich nicht zukunftsfähig sein kann.

Dieses Horrorszenario wird sich heute noch kaum jemand vorstellen können, doch wer da genau hinschaut, stellt bereits in den letzten Jahren eine zunehmende Diskussion über kinderfeindliche Tendenzen in der gesellschaftlichen Interaktion fest. Diese Tendenz ist in einem Umfeld, das Kindern nicht mehr länger zubilligt, wirklich Kinder sein zu können, im Grunde nicht weiter verwunderlich. So lange Kinder nicht mehr als das begriffen werden, was sie sind, so lange sie weiterhin als Erwachsene mit geringerer Körpergröße herangezüchtet werden, wächst die Gefahr, dass sich ein regelrechter Hass auf eigentlich kindliches Verhalten entwickelt und dem Nachwuchs jegliche Chance auf eine gesunde psychische Entwicklung vorenthalten wird.

In der heute schwelenden Diskussion ist immer noch die Ansicht dominierend, die Kinder würden ja eigentlich geliebt bzw. wären eigentlich liebenswert, und die Strukturen der Gesellschaft seien schuld an den Schwierigkeiten, die die »Kleinen« verursachten. Dieser ideologische Überbau macht es möglich, die individuelle Verantwortung von Eltern und pädagogischem Personal für die psychische Entwicklung der Kinder von der Hand zu weisen und auf die Änderung von politisch-gesellschaftlichen Rahmenbedingungen zu pochen, damit es wieder aufwärts gehe. Es wird dabei übersehen, dass mit einer Delegierung des Problems an Therapeuten und Politik keine Veränderung herbeigeführt werden kann.

Der Lehrer am virtuellen Pranger – Cyberbullying

Man muss gar nicht allzu aufmerksam die Berichte in Zeitungen und Zeitschriften verfolgen, der Trend drängt sich geradezu auf: Lehrer klagen schon seit vielen Jahren über die zunehmende Respektlosigkeit ihrer Schüler, über tätliche Angriffe und die scheinbare totale Sinnlosigkeit ihrer Arbeit als Pädagogen.

Zuletzt hat sich im Zuge dieser Entwicklung ein neuer Trend etabliert, der geeignet ist, die gravierenden Bewusstseinsveränderungen auf dem Boden der Symbiose vor Augen zu führen. Cyberbullying (bullying bedeutet in etwa soviel wie »tyrannisieren«), ein in England entstandener Begriff, der langsam auch in Deutschland an Bekanntheit gewinnt, und bezogen auf das Verhältnis von Lehrern und Schülern nichts anderes bezeichnet als ein modernes An-den-Pranger-Stellen von Lehrern auf diversen Internet-Seiten. Von scheinbar noch harmlosen Bewertungs-Seiten, auf denen Schüler Noten für ihre Lehrer vergeben können, bis hin zu den einschlägig bekannten Video-Portalen, auf denen Gewaltakte gegen Lehrer vorgeführt oder diese auf verschiedene Weise lächerlich gemacht werden, hat sich eine enorme Bandbreite an Möglichkeiten etabliert, Pädagogen virtuell zu belästigen.

So gibt es das Beispiel einer Realschullehrerin aus Westfalen, die sich tagelang über das Tuscheln und Grinsen ihrer Schüler sowie die eine oder andere anzügliche Frage wunderte, bis sie dem Ganzen nachging. Schließlich musste sie feststellen, dass Schüler ihren Kopf im Internet auf den nackten Körper eines Pornostars montiert hatten. Die Seite war für jeden zugänglich, unmöglich, zu kontrollieren, wie viele Kollegen, Freunde, Bekannte, Schüler und fremde Menschen das Bild bereits gesehen hatten.

Diese Lehrerin war anschließend lange Zeit kaum noch in der Lage, normal weiterzuleben. Die Schamgefühle auf Grund dieser Bilder blockierten jeden Umgang mit ihrer Umgebung, bis sie es schließlich mit Hilfe ihres Mannes schaffte, über eine psychologische und juristische Beratung aus dem Teufelskreis auszubrechen.

Für mich ist letztlich vor allem die Reaktion der Schüler interessant, als die Lehrerin schließlich versuchte, mit diesen über den Vorfall zu reden und die Gründe für den »Streich« zu erfahren. Mit »Wir wollten Spaß« und »Das war geil« war die Geschichte für die Schüler abgehakt. Darüber hinaus wies man sie darauf hin, dass es ja noch Kollegen gebe, denen es schlimmer ergangen sei. Die Schüler verwiesen etwa auf einen Lehrer aus Bayern, dessen Kopf ein 14-Jähriger in ein Hinrichtungsvideo gebastelt hatte, das er anschließend ebenfalls im Netz veröffentlichte.

»Spaß«. »Geil«. Wie Signalwörter muten diese Schüleraussagen an. Welchen Stellenwert mögen die betroffenen Lehrer wohl für die agierenden Schüler haben? Als Menschen mit Gefühlen und individuellen Rechten werden sie jedenfalls offensichtlich nicht betrachtet, oder um es auf den Punkt zu bringen: Von der »Nervenzelle Mensch« ist hier keine Spur, die Lehrer werden gegenständlich behandelt, sie sind Material, Zielobjekt für die lustgesteuerte Aggressivität der Schüler.

Wie gering ausgeprägt das Bewusstsein dafür ist, was mit solchen Vorgängen eigentlich passiert, zeigt etwa auch die Reaktion der Betreiber einer einschlägigen Lehrer-Bewertungswebsite. Da wird dann schon mal in einem solchen Zusammenhang das Recht auf freie Meinungsäußerung bemüht und die Website als »freie demokratische Meinungsplattform« deklariert, die die armen Schüler endlich in die Lage versetze, dem ewigen durch die Lehrer diktierten Notenstress etwas Adäquates entgegenzusetzen.

»Freie Meinungsäußerung« als Rechtfertigung für das Recht auf verbale Gewaltausübung. Klarer kann man die defizitäre, von der technischen und gesellschaftlichen Entwicklung überforderte Erwachsenenwelt kaum vor Augen geführt bekommen. Psychische Funktionen wie ein Handlungen steuerndes Gewissen sind vollkommen außer Kraft gesetzt und können in der Folge auch der nachwachsenden Generation nicht mehr vermittelt werden. Auch die Betreiber der Internet-Seite unterliegen mindestens einem Projektionsverhältnis, holen sie sich doch unbewusst die Anerkennung der Jugendlichen über die Möglichkeit, den Lehrern eines auszuwischen.

Der Begriff des Cyberbullying lässt sich im Übrigen auch auf die zunehmenden Fälle von extremer Gewalt und sexuellen Übergriffen unter Jugendlichen anwenden, die mit der Handykamera dokumentiert und anschließend online verbreitet werden. Auch hier kommen rein gegenständliche Verhaltensmuster zum Ausdruck, die die immer brutalere und im wahrsten Sinne des Wortes unmenschlichere Vorgehensweise der Täter erklären. Gequält und zur Schau gestellt werden nach ihrem psychischen Empfinden Gegenstände, nicht Menschen.

Exkurs: Ein Blick in die Zukunft – Das Beispiel der japanischen Hikikomoris

Mir geht es um die Kinder und Jugendlichen in Deutschland, um eine Antwort auf die Probleme, mit denen ich jeden Tag in steigendem Maße konfrontiert werde. Doch macht bisweilen ein Blick über den Tellerrand Sinn, um ein Gefühl dafür zu bekommen, was die hier beschriebenen Entwicklungen in der Konsequenz auslösen können. Wenn dieser Blick über den Tellerrand nach Japan geht, eröffnet sich eine düstere Perspektive, die ich zwar keinesfalls als Menetekel an die deutsche Wand werfen möchte, die jedoch geeignet ist, das Bewusstsein für die Missstände im eigenen Land zu schärfen.

Japan hat seit geraumer Zeit mit dem Problem der so genannten Hikikomoris zu kämpfen. Hikikomoris sind Jugendliche und auch junge Erwachsene, die gar nicht mehr am gesellschaftlichen Leben teilnehmen, sondern völlig abgeschottet von ihrer Umwelt in einer eigenen Welt leben. Meist beschränkt sich diese eigene Welt räumlich gesehen auf das Zimmer des Hikikomoris, im übertragenen Sinne hat diese Welt mehr oder weniger im virtuellen Raum ihren Platz, denn die meisten Hikikomoris verbringen unendlich viel Zeit vor dem Computer, sei es im Internet oder mit den verschiedensten Computerspielen. Auch der Fernseher gehört zu ihrem natürlichen Freundeskreis.

»Hikikomori« bedeutet im Deutschen so viel wie »sich einschließen«, ein echtes Synonym in unserer Sprache gibt es bisher nicht. Selbst der herkömmliche »Misanthrop« bzw. »Menschenfeind« ist wohl nur eine freundliche Umschreibung, hält man sich die zerstörerische Tendenz dieses modernen Phänomens vor Augen.

Der japanische Psychiater Saito Tamaki, der den Begriff des Hikikomoris geprägt hat, schätzt die Zahl der betroffenen Japaner derzeit auf etwa eine Million; staatliche Stellen wie etwa das japanische Gesundheitsministerium gehen von niedrigeren Zahlen aus, keiner jedoch leugnet das Problem als solches.

Ich will und kann an dieser Stelle nicht intensiv auf die Hintergründe dieses Phänomens eingehen, das zum Teil auch in Traditionen der japanischen Gesellschaft begründet liegt, die in der westlichen Gesellschaft keine Rolle spielen. Das Grundmuster jedoch taugt durchaus, um eine Querverbindung zur hiesigen Situation zu ziehen.

Bezogen etwa auf die familiäre Situation gehen Fachleute davon aus, dass bei den Eltern der Hikikomoris ein Defizit hinsichtlich der Wahrnehmung des kindlichen Verhaltens und der angemessenen Reaktion darauf besteht. Schaut man sich die Verhaltensweisen der hiesigen Eltern etwa im Rahmen der Projektion an, sind die Parallelen nur zu offensichtlich. Die Rede ist auch von starken Abhängigkeitsverhältnissen zu den Eltern, speziell bezogen auf die in Japan als »Amae« bezeichnete Mutter-Sohn-Beziehung. Auch das entspricht durchaus meiner Analyse der Gründe, warum deutsche Kinder sich nicht mehr zu selbstständigen Mitgliedern der Gesellschaft entwickeln können.

Es gilt allgemein als Gemeinsamkeit aller Hikikomoris, dass sie am Übergang aus der Kindheits- und Jugendphase ins Erwachsenenleben scheitern; die Rede ist auch von fehlenden Transformations- und Initiationsritualen der modernen japanischen Gesellschaft.

Wie meine Analyse zeigt, hakt es auch bei unseren Kindern und Jugendlichen an den Übergängen von einer Phase zur anderen, mit dem Resultat der Fixierung in frühen psychischen Reifephasen. Den Begriff der Transformations- und Initiationsrituale kann man darüber hinaus auch dahingehend interpretieren, dass die Leitungsfunktion der Erwachsenen gegenüber Kindern nicht mehr wahrgenommen und diesen damit die Möglichkeit genommen wird, sich normal zu entwickeln.

Besonders das Phänomen des Rückzugs vor den Computer, das für die meisten Hikikomoris charakteristisch ist, scheint mir einen Bezug zur deutschen Lage zu erlauben, da sich dieses Phänomen auch hierzulande mittlerweile sehr weit verbreitet hat. Jugendliche, die ihre Freizeit im Wesentlichen vor dem Computer verbringen, vermeiden damit auch die Notwendigkeit, sich mit realen menschlichen Gegenübern im normalen sozialen Kontakt üben zu müssen. Virtuelle Interaktivität, wie sie in Zeiten von Web 2.0 gepredigt wird, ist letztlich eine trügerische Interaktivität, da der User vor dem Computer die Interaktion jederzeit von sich aus, rein lustgesteuert, unter- oder gar abbrechen kann. Der User obliegt damit genau jener frühkindlichen Fantasie, seine Umwelt nach Belieben steuern zu können, ja, es scheint gar, als wenn er sie im wahrsten Sinne des Wortes an- und abschalten kann, wie es ihm gerade recht ist. Die »Nervenzelle Mensch« ist also vor dem Computer nicht notwendig, da das virtuelle Gegenüber wie ein Gegenstand erscheint, der nicht die Fähigkeit besitzt, den User zu beeinflussen oder zu bestimmen.

Kinder, die in einer symbiotischen Beziehungsstörung zu ihren Eltern groß werden und denen die »Nervenzelle Mensch« fehlt, sind also durchaus in der realen Gefahr, zu deutschen Hikikomoris zu werden. Die Entwicklung in Japan zeigt dabei unter anderem, dass die betroffenen Menschen nach einiger Zeit des totalen Rückzugs auch erhebliches Aggressionspotential entwickeln, dass sich bisweilen auch in Form von starker körperlicher Gewalt, meist gegen die eigene Familie, äußert.

Deutlich erkennbar ist an dieser extremen Form der Störung die Auflösung jeglicher gesellschaftlicher Strukturen, das unbedingte Bemühen, Kontakt und Auseinandersetzung mit anderen Menschen zu vermeiden. Denkt man die von mir nachgezeichnete Entwicklung über Partnerschaftsdenken, Projektion und Symbiose konsequent weiter, ist nur zu ersichtlich, dass am Ende etwas ganz Ähnliches auch in unserem Kulturkreis entstehen könnte.

Fallbeispiele

Ein Beispiel aus dem Heimbereich – Wie Symbiose den Blick der Eltern aufs Kind verstellt

Der elfjährige Markus ist seit zwei Jahren im Heim untergebracht, da er lügt, klaut und bei bester Intelligenz die Schulleistung verweigert. Während eines Besuchswochenendes – die Kinder verbringen im 14-tägigigen Rhythmus die Wochenenden bei den Eltern zu Hause – schenkt er seinem 13-jährigen Bruder ein teures Playstation-Spiel.

Als der Vater den Jungen zurück ins Heim bringt, erzählt der Vater der Heimleitung stolz, Markus habe dieses Spiel dem größeren Bruder von seinem Taschengeld geschenkt. Der Hinweis, dass Markus nicht so viel Geld besessen habe, führt dazu, dass der Vater eine erneute Lüge seines Sohnes provoziert. Markus gibt an, das Geld geheim gespart zu haben. Anrufe in dem Geschäft, in dem er das Spiel während einer Freizeit gekauft haben will, ergeben eindeutig, dass es so nicht gewesen sein kann. Das genannte Geschäft führt überhaupt keine Spiele. Aber auch das überzeugt den Vater nicht.

Erst als durch ein anderes Kind bestätigt werden kann, dass Markus das Spiel und noch einige mehr in einem Spielwarengeschäft gestohlen hat, lassen den Vater die Tatsachen wahrnehmen. Dennoch fragt er im Zuge der Absprache mit der Heimleitung, wie mit den gestohlenen Waren umzugehen sei, ob die Spiele an Markus zurückgegeben würden, falls er sie doch nicht gestohlen habe.

Wenn die »Nervenzelle Mensch« fehlt

Eine Lehrerin berichtet über ihren Schüler Yanik:
Zunächst fiel hauptsächlich die Art auf, mit der Yanik Kontakte zu knüpfen versuchte. Er berührt seine Klassenkameraden an Haaren, Bauch, Rücken oder Armen. Es kommt auch vor, dass er sich jemandem an den Hals »klettet«. Er wird von seinen Mitschülern oft schroff zurückgewiesen, was ihn allerdings nicht daran hindert, dieses unerwünschte Verhalten fortzusetzen. Andererseits findet es Yanik sehr unangenehm, wenn Kinder sich ihm nähern. Er wehrt sofort ab, schreit »Nein« oder »Lass mich in Ruhe« oder reagiert häufig aggressiv, womit er Konflikte provoziert.

Yanik spricht fast tonlos und heiser, aus sich heraus bleibt er stumm und äußert sich nur im Notfall Erwachsenen gegenüber. Zu seinen Mitschülern kann er keinen adäquaten verbalen Kontakt knüpfen.

Er öffnet täglich heimlich die Ranzen seiner Mitschüler und stöbert darin. Allen Gesprächen gegenüber bleibt er uneinsichtig, sogar reaktionslos, und er setzt wochenlang dieses Verhalten fort. Er wirkt meist teilnahmslos an jeglichem Geschehen, kann dem Unterricht nicht folgen und reagiert auch nicht auf seinen Namen. Es kann vorkommen, dass eine einfache Anweisung bis zu sechsmal wiederholt werden muss, bevor Yanik zwar eine Reaktion zeigt, die dann aber oft nicht situationsrelevant ist.

Beide Eltern sind der Meinung, bei Yanik lägen gewisse Schwierigkeiten bzw. Entwicklungsrückstände in der Motorik sowie in der Konzentration vor, die jedoch zu beheben seien, wenn die Mutter ihn nur entsprechend fördere (die Mutter denkt beispielsweise, dass die Probleme im Bereich der Feinmotorik durch das Ausmalen von Mandalas aufgehoben werden können).

Yanik ist nicht motiviert, dem Unterrichtsgeschehen zu folgen. Interessant dargebotene Arbeitsinhalte machen ihn nicht neugierig. Er benutzt Arbeitsblätter, Stifte oder sein Arbeitsbuch nur, um damit zu spielen. Er ist sehr antriebsarm und braucht äußerst lange, bis er mit einer Aufgabe beginnt. Er zeigt eine extrem kurze Aufmerksamkeits- und Arbeitsspanne, braucht permanente Aufforderung, an der Arbeit zu bleiben, ist extrem leicht ablenkbar.

Seinen Platz in der Klassengemeinschaft konnte Yanik bisher nicht finden, was maßgeblich an seiner ambivalenten Art liegt, Kontakte zu knüpfen. Er schreit seine Mitschüler an, rempelt sie grundlos an, zankt und drängt sich durch Streicheln etc. auf. In Spielsituationen findet er ebenfalls nicht zur Gruppe. Er grenzt sich selbst aus, indem er andere im Spiel stört oder Gebautes zerstört.

Zu guter Letzt hat sich Yanik vor einigen Wochen einer Gruppe von Drittklässlern angeschlossen, die ihn regelrecht »dressiert« haben und deren »Aufträge« er willig durchgeführt hat, etwa andere Kinder zu hauen oder anzuspucken, »schmutzige« Wörter zu sagen, usw.

Kapitel 8

Die gestörte Gesellschaft

Kinder werden in die Gesellschaft hineingeboren, sie können sich nicht aussuchen, wann und wo sie zur Welt kommen wollen und wer ihre Eltern sein sollen. Ein menschlicher Säugling lebt, anders als bei den meisten Tierarten, sehr lange Zeit in totaler Abhängigkeit von den Eltern, vor allem von der Mutter. Allein diese Tatsache macht schon deutlich, dass ich bei meiner Tätigkeit als Kinderpsychiater niemals isoliert das vermeintlich kranke Kind betrachten kann, sondern immer ein sehr viel größeres Feld im Auge haben muss.

Ich habe das ansatzweise bereits mit dem Verweis auf die unbedingt notwendige Anamnese der Eltern beschrieben, ohne die eine Beurteilung des Kindes und seines Verhaltens keinen Sinn macht.

Das bedeutet, wenn ich vom konkreten Einzelfall absehe und meine Tätigkeit theoretisch beschreibe, dass ich systemanalytisch vorgehe. Das Kind ist eingebunden in das »System Familie«. Wenn mir also ein Kind vorgestellt wird, kann ich sein Verhalten nur verstehen, wenn ich es als Teil dieses Systems begreife und die unterschiedlichen Wechselwirkungen innerhalb dieses Systems berücksichtige. Die Einzeldiagnose des Kindes erfolgt somit auf dem Boden einer Strukturdiagnose in Bezug auf die Familie.

Zu Beginn meiner Tätigkeit war dieser Ansatz durchaus ausreichend, um der Mehrzahl der Störungen auf den Grund zu gehen, die sich mir in der Praxis präsentierten. Zumeist handelte es sich um neurotische Störungsbilder bei den Kindern, die in Zusammenhang mit pathologischen Befunden bei den Eltern zu sehen waren und entsprechend isoliert behandelt werden konnten. Ich konnte mich also in diesen Fällen bei der Diagnose immer auf die individuelle Lebensgeschichte des Kindes und seiner Eltern stützen und hier Ursache und Wirkung finden.

Meine heutige Tätigkeit hat mit der Analyse des »Systems Familie« in der überwiegenden Zahl der Fälle keinen gangbaren Ansatz mehr. Neurotische Störungsbilder sind zur Seltenheit geworden, dafür ist die beschriebene Entwicklungsfixierung in einem psychischen Alter von unter sechs Jahren die Regel geworden. Gab es vor 15 oder 20 Jahren etwa zwei bis vier auffällige Kinder pro Schulklasse, so hat sich das Verhältnis heute genau umgedreht, wie etwa das Beispiel des Eingangstests an der Grundschule in Kapitel 2 gut zeigt: Von etwa 25 Kindern in einer Schulklasse sind heute noch zwei bis vier komplett unauffällig, alle anderen zeigen in der Mehrzahl miteinander kombinierte Störungsbilder. Dabei handelt es sich eben nicht um neurotische Störungsbilder, sondern überwiegend um Entwicklungsstörungen im Rahmen einer Fixierung in frühkindlichen psychischen Reifephasen.

Würde ich versuchen, diese Störungen innerhalb des begrenzten Systems Familie zu analysieren, wäre ich zum Scheitern verurteilt. Die Eltern dieser Kinder sind in der Regel psychisch gesund, es kann also zu keinem zufriedenstellenden Ergebnis führen, ausschließlich in ihrer Lebensgeschichte nach Gründen für das besorgniserregende Verhalten ihrer Kinder zu suchen.

In der Folge dieser Erkenntnis, die sich über die Jahre zwingend eingestellt hat, musste ich meine Analysewerkzeuge gründlich überdenken. Die Entwicklungsstörungen der Kinder waren eindeutig zu diagnostizieren, die Bemühtheit und psychische Normalentwicklung der Eltern ebenso. Der Grund für die besorgniserregenden Auswüchse musste außerhalb dieser personalen Sphäre und in der Umwelt der Kinder liegen.

Mein Weg führte somit zwangsläufig weg vom Selbstverständnis eines Analytikers des »Systems Familie« hin zur Analyse des »Systems Gesellschaft«. Mein Zugang zu den mir präsentierten Problemfeldern wandelte sich in eine soziologisch geprägte Richtung, gleichwohl immer noch mit dem Instrumentarium des Kinderpsychiaters. Mein Ziel konnte es nicht sein – und ist es immer noch nicht –, den Gesellschaftstheoretikern der Zeit Konkurrenz zu machen. Doch konnten die tieferen Gründe für das defizitäre Verhalten der Erwachsenen, die mit meinen jungen Patienten zu tun hatten, nur in einer Reaktion auf die sie selbst beeinflussenden Elemente in ihrem Umfeld zu tun haben.

Um also zu verstehen, warum psychische Fehlentwicklungen die Grundlage für die Probleme mit unseren Kindern sind, darf ein genauer Blick auf die Welt der sie prägenden Erwachsenen nicht fehlen.

Wir befinden uns heute auf einem selbst generierten Crash-Test. Mit höchster Geschwindigkeit und ohne sich vorher erkundigt zu haben, wo die Bremse sitzt und wie man das Steuer noch rechtzeitig herumreißen könnte, rast der Rennwagen, der sich moderne Gesellschaft nennt, auf eine Mauer zu und vertraut darauf, dass dieser Höllenritt schon irgendwie gutgehen möge. Seine derzeitige rasante Geschwindigkeit aufgenommen hat dieser Rennwagen vor gut sechzig Jahren.

Die letzte große Katastrophe der modernen Gesellschaft war der Zweite Weltkrieg. Nicht umsonst spricht man häufig von der »Stunde Null«, wenn der Wiederbeginn nach der Kapitulation des NS-Staates gemeint ist. Dieser Begriff impliziert einen kompletten, ausschließlich nach vorn gerichteten Neubeginn. Dieser Neubeginn setzte in den Trümmerjahren der 50er-Jahre mit voller Kraft ein und hat bis heute verschiedene Ausprägungen, jedoch keine wesentliche Unterbrechung oder gar ein zeitweiliges Zurückgeworfensein auf einen früheren Stand erfahren. Dabei weist bereits der beliebte Begriff des »Wirtschaftswunders« implizit darauf hin, dass es sich letztlich um ein kaum vom Menschen zu regulierendes Phänomen, eben um eine Art »Wunder« handelte, welches seine große Kraft vor allem auch aus einer riesigen Eigendynamik schöpfte.

Die Gesellschaft vollzieht, gerade im technischen Bereich, einen immer rasanteren Wandel, die Halbwertzeit neuer Entwicklungen tendiert gegen Null. Kaum hat der Mensch begonnen, sich auf eine neue Situation in seinem Lebensumfeld einzustellen, ist diese bereits wieder überholt und von der fortschreitenden Entwicklung unwichtig gemacht.

Der Mensch in der Gesellschaft ist mit dieser Entwicklung jedoch zunehmend überfordert. Die Vokabel »Fortschritt« erweist sich mehr und mehr als im wörtlichen Sinne zu verstehen, nämlich als ein »Hinfortschreiten« vom Menschen und seinen wirklichen Bedürfnissen. Gesamtgesellschaftlich gesehen ist der maximale Wohlstand unserer Gesellschaft seit längerer Zeit erreicht, es gibt keine als real wahrgenommene Gefahr von Krieg, Hunger, Armut und ähnlichen existentiellen Erfahrungen, sondern höchstens eine Art Unwohlsein innerhalb des Wohlstandssystems.

Das hat dazu geführt, dass wir heute erstmals in einer nicht mehr zukunftsweisenden Gesellschaft leben. Würde man die Menschen heute fragen, welche wesentlichen Verbesserungen sie sich in näherer Zukunft für ihr Leben vorstellen können, wären kaum Antworten zu erwarten, die auf existentielle Grundbedürfnisse oder auf eine höhere Entwicklungsstufe der Gesellschaft eingehen. Tendenziell dürften die Antworten auf individuelle Dinge wie »mehr Geld«, »mehr Freizeit«, »mehr Selbstverwirklichung« hinauslaufen.

Statt aktiv und intuitiv zu handeln, scheint die moderne Gesellschaft in eine Art Angststarre geraten zu sein. Täglich werden wir in den Medien von Negativmeldungen aller Art überflutet. Der alte journalistische Grundsatz »only bad news are good news« hat die ihm immer auch innewohnende Ironie in seiner Aussage komplett verloren, er ist heute bitterer Ernst geworden. In den Redaktionen scheint es eine stillschweigende Übereinkunft zu geben, dass es das Wichtigste sei, immer neue Katastrophen zu präsentieren, immer aufs Neue zu beweisen, wie schlecht die Welt geworden sei.

Das Negative ist in den Mittelpunkt des Interesses gerückt, das Krankhafte erscheint als der Normalzustand, mit dem wir heute wie selbstverständlich umgehen können müssen. Diese Art der Nachrichtengestaltung hat jedoch ungeahnte Konsequenzen für das Alltagserleben des Menschen. Wer heute einen sonnigen und warmen Frühlingstag etwa Ende April erlebt, kann sich kaum mehr uneingeschränkt daran erfreuen, dass die Natur aus dem Winterschlaf erwacht, die Vögel sich wieder lautstark bemerkbar machen und die ersten Büsche und Bäume voller bunter Blüten sind, die für ein prächtiges Farbenmeer sorgen. Nein, einer der ersten Gedanken, gerade wenn auf diesen Tag weitere ähnlich warme folgen, wird dem Klimawandel gelten. Schreckensbilder von Trockenheit und Dürre auf der einen sowie von Wirbelstürmen und Sturmfluten auf der anderen Seite brechen, befeuert vom medialen Getöse rund ums Thema, ins Bewusstsein und schmälern bzw. tilgen die Sinnenfreude ob des Frühlingserwachens.

Natürlich soll damit nicht gesagt werden, dass wir die Anzeichen des Klimawandels missachten sollten. Fakt ist jedoch, dass der Mensch mit der überbordenden Informationsflut zu diesem und zu anderen Themen alleingelassen und überfordert wird. Ständig werden – oft kaum geprüft – neue scheinbar wichtige Erkenntnisse zum Thema publiziert und mit dem Prädikat »wissenschaftlich bewiesen« versehen, die sich nicht selten dann auch noch gegenseitig widersprechen. In den meisten Fällen ist das jedoch nicht wichtig. Die vermeintliche Nachricht selbst, zumal die schlechte, ist im Mittelpunkt des Interesses, sie ist reiner Selbstzweck und bedarf scheinbar keiner Hinterfragung.

Die Folge dieser Entwicklung ist, dass erwachsene Menschen die Fähigkeit verlieren, sich in ihrer Lebenswirklichkeit zurechtzufinden und ein klares Rollenverständnis gegenüber anderen Menschen zu entwickeln. Dieses Rollenverständnis müsste vor allem bei der Beziehung zu Kindern greifen. Da Kinder sich nicht von allein zu Erwachsenen entwickeln, die allen Anforderungen eines normalen Alltags gewachsen sind, ist es die originäre Aufgabe von Eltern, Großeltern, Pädagogen in Kindergärten, Schulen und anderen Einrichtungen, ihnen diese Entwicklung zu ermöglichen.

Möglich ist das jedoch nur durch Erwachsene, die sich selbst in Abgrenzung zum Kind als prägend begreifen und dem Kind die Möglichkeit geben, Kind zu sein, also in der untergeordneten Rolle zu lernen und in der Adoleszenzphase langsam ans Erwachsenwerden herangeführt zu werden. Bis dahin müssen sie geführt, gespiegelt und somit auch geschützt werden. Dieser Schutzgedanke ist sehr wichtig. Wenn es uns gelingen sollte, wieder zu begreifen, dass ein führender, strukturierender Umgang mit Kindern keine mangelnde Achtung vor ihrer »Persönlichkeit« darstellt, sondern im

Gegenteil gerade dazu dient, ihnen im geschützten kindlichen Raum die Möglichkeit zu geben, diese Persönlichkeit überhaupt erst nach und nach zu entwickeln, sind wir schon ein ganzes Stück weiter als heute.

Wir frönen mit dem allseits akzeptierten partnerschaftlichen Denken und Handeln gegenüber Kindern, wie ich es auf der ersten Stufe der Beziehungsstörungen beschrieben habe, einem modernen Denken, das bei kleinen Kindern vollkommen fehl am Platze ist. Früher war es üblich, Kinder zunächst mit einer traditionellen Denkweise zu erziehen. Diese beinhaltet den Gedanken an Führung durch stetiges Training grundsätzlicher Verhaltensweisen und durch Spiegelung bei Fehlverhalten. Die moderne, auf dem Partnergedanken beruhende Denkweise setzte sich erst beim älteren Kind bzw. Jugendlichen langsam durch, wenn davon ausgegangen werden konnte, dass ein eher erklärendes als steuerndes Erziehungsverhalten Sinn macht. Es lag also eine Form des Mischdenkens vor, die traditionelle und moderne Ansätze sinnvoll miteinander verband.

Bezogen auf die Analyse des Systems Gesellschaft lässt sich konstatieren, dass wir heute fast ausschließlich dem modernen Denken unterliegen. Der alte Kant'sche Leitsatz »Habe Mut, dich deines Verstandes zu bedienen« ist in unserer spätaufklärerischen Gesellschaft zum Mantra geworden, das wir innerlich unablässig vor uns hinmurmeln und das unterschiedslos auf alle Menschen in unserer Umgebung projiziert wird. Folglich unterstellen wir, diesem modernen Denkansatz folgend, auch Kindern die Fähigkeit, das »Sapere aude« zu leben und verstandesgesteuert ihr Verhalten einrichten zu können. Die Bildung der Psyche wird dabei außer Acht gelassen und als selbstverständlich vorausgesetzt.

Die Tatsache, dass wir uns – gefangen im modernen Denken – erst darüber bewusst werden müssen, dass das Thema

Psyche und psychische Reifeentwicklung langfristig zentral für den Umgang mit unseren Kindern werden wird, ist die wichtigste Erkenntnis meiner Analyse des »Systems Gesellschaft«. Heutige gesellschaftskritische Ansätze gehen überwiegend von einem sozialen Defizit der Eltern problematischer Kinder aus. Die gängigen Erklärungsmodelle, die auch die mediale Berichterstattung dominieren, sprechen von Eltern, die sich nicht um ihre Kinder kümmern und diese mehr oder weniger verwahrlosen lassen. Auf die Mehrzahl der Erwachsenen, die ich in meiner Tätigkeit kennen lerne, trifft das jedoch nicht zu. Auffällig sind heute häufig auch Kinder aus guten Elternhäusern, mit rund um die Uhr besorgten Eltern, die extrem um ihren Nachwuchs bemüht sind.

Die aus diesem – im Vergleich zu früheren Zeiten unermesslichen – Wohlstand erwachsende Ziel- und Sinnlosigkeit des Alltags ist der Nährboden für die erste Beziehungsstörung der Partnerschaftlichkeit. Es ist jedoch verständlicherweise schwierig, Wohlstand als Defizit zu begreifen. Im psychischen Sinne muss das gesellschaftliche Verhalten jedoch genau so interpretiert werden. Der Wegfall von »sinnvollen« Zukunftszielen der Elterngeneration, die Übersättigung an sich selbst bedingen bereits ein Fokussieren auf die eigenen Kinder als Hoffnungsträger einer neuen Generation und als Sinnbild von Zukunft. Der Schritt dahin, die Kinder auf eine Ebene mit sich selbst zu ziehen, also zu Partnern zu machen, ist letztlich nicht mehr weit und scheint fast zwingend.

Vor dem Hintergrund dieses gesellschaftlichen Wandels entstanden zu Beginn der 90er-Jahre auch entsprechende Konzepte in Kindergarten und Schule. Es handelte sich dabei um die bereits beschriebenen offenen Erziehungskonzepte, die nicht geeignet sind, psychische Funktionen bei den Kindern einzuüben, da auch hier die Kinder partnerschaftlich behandelt werden und eine Persönlichkeitsbildung über stetes Erklären, Reden, Begreiflichmachen erwartet wird. Das Kind soll durch Erklären lernen und anschließend selbstständig entscheiden, was für es gut ist.

Der gesellschaftliche Effekt dieser Störung im Bereich der pädagogischen Arbeit ist heute auf dem Arbeitsmarkt zu besichtigen: Die Probleme im Ausbildungsbereich habe ich bereits mehrfach angesprochen. Mit meinem Modell der Beziehungsstörungen lassen sich die typischen Klagen der Arbeitgeber sehr gut erklären. Eine fehlende oder schlecht ausgeprägte Arbeitshaltung etwa hat einfach damit zu tun, dass diesen jungen Arbeitnehmern die psychischen Funktionen fehlen, die notwendig wären, um beispielsweise auch gute Arbeit abliefern zu können, wenn draußen schönes Wetter ist, das eigentlich nach Biergarten und Freibad verlangt. Eine gesunde Psyche ist in der Lage, die als vorrangig erscheinenden Lustbedürfnisse des Biertrinkens und Badens auszublenden und es dem Menschen zu ermöglichen, sich trotzdem auf die Arbeit zu konzentrieren. Der in einer partnerschaftlichen Beziehungsstörung aufgewachsene Mensch wird hiermit erhebliche Probleme haben, da ihm dieses Ausblenden von Bedürfnissen selten abverlangt wurde, und schon gar nicht ohne ausführliche Begründung und Erläuterung.

Gesellschaftliche Entwicklung bleibt jedoch nicht stehen. Zu dem beschriebenen Phänomen des Wohlstands kommt seit etwa zehn Jahren die scheinbar grenzenlose Technikgläubigkeit, die vordergründig als Innovation erscheint, unter der Oberfläche jedoch tiefgreifende Ängste und Verunsicherungen bei den Menschen verursacht, da immer häufiger das Gefühl entsteht, nicht mehr selbst Herr der ganzen neuen Technik zu sein, sondern, im Gegenteil, von dieser dominiert zu werden. Nicht umsonst hat unsere Zeit den Begriff der Info-Elite hervorgebracht, jener kleinen Gruppe also, die überhaupt noch in der Lage ist, mit den technischen Möglichkeiten der Informationsbeschaffung gezielt umzugehen und die gewonnenen Informationen sinnvoll zu verarbeiten.

Für die große Mehrheit der Menschen jedoch gleicht die moderne Situation einem Hamsterrad. Sie mühen sich ab, wollen gerne Schritt halten mit dem Fortschritt, haben Angst, als rückständig und unmodern zu gelten. Da die Entwicklung selbst aber immer schneller ist, als es der Lerneffekt des Menschen überhaupt sein kann, kommt dieser letztlich keinen Schritt voran, dreht sich also gleich dem Hamster im Kreis, obwohl er ständig in Bewegung ist. Mit dem Blick des Psychiaters gesehen führt diese ständige Überforderung den erwachsenen Menschen in eine Depression, deren Erscheinungsbild sich jedoch von dem unterscheidet, was klassischerweise darunter verstanden wird. Denn zieht sich der depressive Mensch normalerweise eher zurück, versteckt sich und will mit der Außenwelt am liebsten nichts zu tun haben, so ist der Effekt hier genau umgekehrt, so dass ich in diesem Fall von einer »agitierten Depression« spreche. Agitiert deshalb, weil der in der Depression befindliche Mensch mit einer immer größeren Aktivität, einem ständigen Agieren also, reagiert.

Doch wer ständig agiert, muss auch ständig geben; aktiv zu sein bedeutet, aus sich selbst herauszugehen und etwas von sich selbst preiszugeben. Da bleibt dann im Verhältnis zu anderen Erwachsenen kaum noch Platz dafür, etwas zurückzubekommen, das sich auf der emotionalen Ebene abspielt. Der Austausch von Bestätigung und Zuwendung findet folglich innerhalb der Gesellschaft nur noch stark reduziert statt und ist nicht mehr in der Lage, die eigentlichen Bedürfnisse in diesem Bereich zu befriedigen.

In dieser Situation kommt Kindern dann eine grundsätzliche neue Rolle zu. Sie werden vom Erwachsenen funktionalisiert, bekommen den Status des Zuwendungslieferanten zugewiesen, so dass sich der Erwachsene in die Lage versetzt sieht, über das Medium des Kindes sein Zuwendungsdefizit zu kompensieren.

Diese dem defizitären Erwachsenen bis dato unbewusste Kompensation stellt letztlich einen emotionalen Missbrauch des Kindes dar. Dieses hätte Anspruch darauf, abgegrenzte Eltern, Erzieher und Lehrer um sich zu haben, die dafür Sorge tragen, dass sich psychische Funktionen optimal entwickeln können, die für ein Leben in der Gesellschaft unabdingbar sind. Stattdessen wird das Kind ständig in der frühkindlichen Fantasie bestätigt, es sei allein auf der Welt, könne alles um sich herum steuern, indem es seine Zuwendung selektiv vergibt, wenn der Erwachsene sich entsprechend verhalten hat.

Stellen Sie sich eine Geburtstagsparty vor, auf der zehn Erwachsene zusammenstehen, um sich zu unterhalten. Plötzlich kommt ein Kind hinzu und sagt »Hallo«, fordert also Zuwendung ein. Fast immer wird es heute so sein, dass die Unterhaltung der Erwachsenen sofort unterbrochen wird und man sich dem Kind zuwendet, anstatt das begonnene Gespräch zunächst zu beenden, um dann dem Kind Aufmerksamkeit zukommen zu lassen. Das Kind macht also in diesem Moment die Erfahrung, zehn Erwachsene auf einmal steuern zu können. Gigantisch! Niemand jedoch bemerkt, dass dem Kind in dieser Situation, die nur aus Zuwendung und Aufmerksamkeit zu bestehen scheint, eine existentielle Erfahrung verweigert wird, nämlich die, sich ausrichten zu müssen, warten zu müssen, bis das eigene Begehren befriedigt werden kann. Würden die zehn Erwachsenen sich entsprechend verhalten, würde das heute fast immer als lieblos, abweisend oder schroff fehlgedeutet.

Wenn diese Kinder im Laufe des Älterwerdens schließlich zunehmend Fremdbestimmung erfahren, vor allem im Arbeitsleben, stehen sie vor einem fast unlösbaren Problem, da Fremdbestimmung in ihrem psychischen Konzept nicht vorgesehen ist. Das Tolerieren unterschiedlicher Frustrationen, das Aushaltenkönnen von nicht lustbefriedigenden Situationen, das Warten auf die Erfüllung eines Wunsches, all das wird zu krisenhaften Momenten, die die (Über-)Lebensfähigkeit des Individuums langfristig in Frage stellen.

Wenn ich vom emotionalen Missbrauch des Kindes spreche, ist damit auch klar ausgedrückt, dass nur die Erwachsenenwelt in der Lage ist, die immer problematischere Lage zu entschärfen. Es kann also nicht darum gehen, Kinder strenger zu erziehen, sondern es muss ein Bewusstsein für die entstandenen Beziehungsstörungen bei allen erfolgen, die erzieherisch auf Kinder einwirken.

Solange dieses Bewusstsein nicht vorhanden ist, sind wir in unserer Gesellschaft auf dem besten Wege, Kindheit als Phase menschlicher Entwicklung abzuschaffen. Das Kind wird quasi im Kreißsaal als kleiner Erwachsener in die Welt hineingeworfen und sofort in alles einbezogen, ohne dass über die Angemessenheit der Anforderungen nachgedacht wird. Das ist der Grund, warum sich heute Kinder in allen klassischen Erwachsenenbereichen wie selbstverständlich aufhalten. Anstatt zu sehen, dass damit jegliche Schutzbereiche innerhalb der Gesellschaft für Kinder abgeschafft werden, begreift der in der Projektion oder Symbiose befindliche Erwachsene diese Tatsache als Gewinn für das Kind, weil es damit in die Lage versetzt wird, ein gleichwertiger Partner zu sein.

Kapitel 9

Wo wir hinkommen müssen: Die Beziehungsfähigkeit wieder herstellen – Kinder wieder als Kinder sehen

Wenn wir die Entwicklung, die ich mit meiner Analyse aufzeige, so weiterlaufen lassen, geraten wir in die Gefahr, eine ganze Generation schlicht und ergreifend zu verlieren. Kinder, die von klein auf wie Erwachsene behandelt und gesehen werden, haben keine Chance, sich kindgerecht zu entwickeln und als Erwachsene wiederum einer neuen Generation gegenüber eine nicht nur erziehungsberechtigte, sondern auch erziehungsbefähigte Elternschaft zu sein.

Die Tendenz in der Erwachsenenwelt ist fatal. Auf Grund des besonders in den letzten etwa zwanzig Jahren zu verzeichnenden extremen Wohlstands besteht aus tiefenpsychologischer Sicht die Gefahr einer stetigen Regression des Einzelnen. Die wahre, ursprüngliche Fremdbestimmung des Menschen durch Hunger, Durst, Kälte oder Krieg ist nicht mehr zu spüren und in der westlichen Gesellschaft weithin unvorstellbar geworden. Ein entsprechender Existenzkampf, der uns auf die Grundlagen unseres Daseins zurückwerfen würde, scheint auf lange Sicht nicht mehr erforderlich zu sein.

Der moderne Mensch ist in Gefahr, immer egozentrischer und narzisstischer zu werden, sich selbst nur noch im Hinblick auf seine Eigenbedürftigkeit zu sehen. Er verliert damit in letzter Konsequenz seine Eigenschaft als soziales Wesen, ist kein »zoon politikon« mehr, dem Aristoteles zufolge der Drang nach Gemeinschaft im positiven Sinne ganz natürlich innewohnt.

Die nachlassende Frustrationstoleranz bringt eine immer geringere Leistungsbereitschaft mit sich, ein Fakt, dessen Brisanz dann richtig ins Auge fällt, wenn man sich deutlich macht, dass dieser Umstand für das Arbeitsleben genauso gilt wie für die Privatsphäre. In der Folge all dessen kommt es zur Auflösung von gewachsenen Strukturen. Die Häufung von Trennungen im Paarbereich hat etwa mit der Auslöschung dieser Strukturen zu tun, was wiederum zu steigenden Zahlen nicht nur allein lebender Menschen, sondern auch allein erziehender Eltern führt, mit allen Problemen, die dieser Umstand gerade auch für die Kinder zusätzlich mit sich bringt. Trotzdem ist der »Single« zu einer erstrebenswerten Form der persönlichen Lebensorganisation geworden, bisweilen hört man gar von Frauen, die sich explizit ein Kind wünschen, zur Aufzucht desselben jedoch nach eigener Meinung keinen Vater brauchen.

Der auch in solchen Extremen zutage tretende Versuch, sich jeglicher Verantwortung für andere Menschen zu entziehen, legt die Erkenntnis nah, dass hier der Schlüssel zu unserer Zukunft liegen könnte. Wir leben in einer weitgehend »Sinn freien« Welt, die uns keine ernstzunehmende Perspektive für unser Leben zu bieten scheint. Ohne eine solche Perspektive, so scheint es, brauchen wir uns auch nicht darum zu kümmern, wie wir das Miteinander in der Gesellschaft gut organisieren können, sondern können uns darauf beschränken, das eigene Ego zu befriedigen. Ein klassisches Untergangsszenario also, für das sich historisch einige Parallelen in vergangenen Hochkulturen finden ließen.

Um die egoistische Lustbefriedigung zu erreichen, missbrauchen wir die Seelen unserer Kinder auf den Stufen der Partnerschaftlichkeit, Projektion und Symbiose. Was wir also brauchen, ist ein Bewusstsein dafür, dass das heute ausschließlich vorherrschende moderne Denken nicht Chance und Vorteil für unsere Kinder ist, sondern eine Gefahr für die Beziehung zu ihnen darstellt.

Modernes Denken, wie ich es in diesem Zusammenhang verstehe, ist das wesentliche Kennzeichen des partnerschaftlichen Konzeptes, es ist ein Denken in horizontaler Richtung, das darauf beruht, zu verstehen, bevor man handelt. Das mag für die meisten Zusammenhänge im Erwachsenenleben genau richtig und modern im positiven Sinne sein, im Umgang mit Kindern führt es geradeaus in die Falle. Eltern reagieren nicht mehr auf Dinge, die ihr Kind tut, sondern versuchen zu verstehen, was es tut, und anschließend zu erklären, was es eventuell besser hätte tun können. Die verbesserte Handlungsweise des Kindes soll über die Einsicht und das Verstehen der Erklärung zustande kommen; wohin das führt, sehen wir an all den kleinen Monstern und Tyrannen, die uns heute umgeben.

Monster und Tyrannen sind diese Kinder jedoch nur im Ergebnis dessen, was die Erwachsenen in ihrem Verhalten falsch machen. Das Versagen liegt eindeutig auf der Ebene von Eltern, Erziehern, Lehrern, Großeltern, Therapeuten, all derer also, die Einfluss auf die psychische Entwicklung der Kinder nehmen können. Das Kind ist letztlich Symptomträger der gesellschaftlichen Fehlentwicklung.

Es ist diese Erkenntnis, die sich auf der Erwachsenenebene durchsetzen muss. Wir müssen uns endlich wieder mit der Sinnfrage auseinandersetzen, nicht vor ihr davonlaufen und Kinder dann als Kompensation für unser Sinn-Defizit wahrnehmen und benutzen. Erst, wenn wir als Erwachsene in der Lage sind zu erkennen, dass die kindliche Psyche der Formung durch ein älteres Gegenüber bedarf, versetzen wir uns wieder in die Lage, für eine zukunftsweisende Gesellschaft zu sorgen, in der auch unsere Kinder noch als »zoon politikon« leben und wirken können.

Dabei ist das ausdrücklich nicht als Absage an die moderne, horizontale Denkweise zu verstehen. Diese ist selbstverständlich eine Errungenschaft der aufgeklärten Gesellschaft, sie muss jedoch wieder als Ziel definiert werden, auf das auch bei der Kindererziehung langsam hingearbeitet werden muss. Kleine Kinder brauchen zunächst einmal ein erwachsenes Gegenüber, das eine traditionelle, vertikale Denkweise beherzigt und sich darüber im Klaren ist, dass bisweilen negativ besetzte Begriffe wie Autorität und Hierarchie genau die Eckpunkte im Verhalten gegenüber Kindern sind, die diesen die notwendige Struktur und Orientierung geben, um sich in der Welt zurechtzufinden.

Kindergarten und Grundschule: Änderungen dringend notwendig

Es ist dringend zu fordern, dass die heute gängigen Kindergarten- und Grundschulkonzepte grundlegend überprüft werden, inwiefern sie auf Grund eines Denkens entworfen wurden, das auf den beschriebenen Beziehungsstörungen basiert. Die weitaus meisten mir bekannten Kindergärten handeln stringent nach dem Partnerschaftskonzept. Kinder werden mit ihrem kaum fortgeschrittenen Alter zwischen drei und sechs Jahren als eigene Persönlichkeit begriffen und sollen darin gefördert werden. Sollte sich diese moderne, wichtigen neurologischen Erkenntnissen widersprechende Denkweise weiterhin durchsetzen und zur ausschließlichen Grundlage für die Kindererziehung werden, ist die totale Überforderung unserer Kinder unausweichlich. Diese Kinder müssen zwangsläufig zu Prinzen, Monstern und Tyrannen werden, da niemand sich dafür verantwortlich fühlt, ihnen den Weg zu einem gesellschaftlich integrierten Wesen zu zeigen.

Es hilft auch nichts, die vermeintlich verzogenen Kinder mit erzieherischen Maßnahmen zu bestrafen und davon irgendeinen Effekt zu erhoffen, da diese Kinder dadurch lediglich die Erfahrung machen, dass sie mit ihrem Verhalten den Erwachsenen steuern können und Zuwendung erhalten.

Eltern wie Erzieher oder Lehrer gehen in solchen Situationen zu oft in Machtkämpfe, die sie von vornherein nicht gewinnen können und in denen sie ständig Gefahr laufen, sich gegenüber dem Kind lächerlich zu machen und damit die Respektlosigkeit des Kindes seiner Umwelt gegenüber zu unterstützen.

De facto müssen sich Kindergärten und Schule als Institutionen verstehen, die die Aufgabe haben, die Psyche von Kindern zu bilden und langsam reifen zu lassen. Umso wichtiger wird diese Aufgabe, je weniger dies in den Familien geleistet wird. Die zunehmende Brisanz der gegenwärtigen Lage entsteht ja gerade auch dadurch, dass keine öffentliche Institution mehr als Korrektiv für Versäumnisse im familiären Umfeld bereitsteht.

Es wäre höchst wünschenswert, dass Fachleute in die Lage versetzt würden, entsprechende neurologische und psychiatrische Weiterbildung zu erfahren, um die Arbeit an Kindergärten und Schulen wirkungsvoll zu unterstützen. Es muss folglich auch in der Ausbildung an Fachhochschulen und Universitäten entsprechend gehandelt werden, damit die Ausbildung des Fachpersonals auf die Arbeit mit den psychisch unreifen Kindern vorbereitet und nicht die partnerschaftliche Denkweise unterstützt und weiter ausbaut.

Machen wir uns noch einmal bewusst, dass die Problematik der drei großen Beziehungsstörungen bei den verschiedenen Kontaktpersonen der Kinder unterschiedlich gelagert ist. Die Symbiose und damit die tendenziell hoffnungsloseste Störung sehe ich derzeit im Grunde ausschließlich bei den Eltern, die meisten Erzieherinnen und Lehrer sind maximal in einem Projektionsverhältnis. Da es sich nicht um ihre eigenen Kinder handelt, fällt es schwerer, diese als Teil ihrer selbst zu empfinden, die Kinder sind »nur« dafür zuständig, dem Pädagogen Liebe und Anerkennung zu schenken.

Dieser Unterschied bedeutet auch, dass in den Institutionen die Chance auf eine psychische Reifung bzw. Nachreifung der Kinder größer sein kann als in den Familien, in denen das Beziehungschaos bereits weiter fortgeschritten ist. Diese Erkenntnis führt dazu, dass die Forderung nach einem deutlichen Ausbau ganztägiger Versorgungsangebote von staatlicher Seite sinnvoll erscheint. Dass es sich dabei nicht um Aufbewahrungsstätten handeln darf, sollte klar sein: Sinn machen solche Einrichtungen nur dann, wenn hier auf Grund der Erkenntnis der vorliegenden Reifestörungen am Kind gearbeitet wird.

Für die Arbeit der Lehrer an den Grundschulen gilt entsprechend, dass ihre Funktion als Wissensvermittler nicht mehr den Schwerpunkt ihrer Tätigkeit darstellen darf, sondern dass sie mit dafür verantwortlich sind, dass bei den Kindern die Grundlagen geschaffen werden, um überhaupt lernen zu können. Das bedeutet, auch hier muss die Psyche der Kinder weiter gebildet werden. Lehrer müssen zunächst Unterrichtssituationen schaffen, in denen Kinder in die Lage versetzt werden, den Stoff ohne Ablenkung und unsinnige emotionale Aufladung der Atmosphäre aufzunehmen. Es wäre sicher keine falsche Debatte, wenn man in diesem Zusammenhang über die Einführung von ein oder zwei Vorschuljahren nachdächte, also eventuell bereits im fünften Lebensjahr die Schule beginnen ließe. Den vermeintlichen Zeitverlust bei der Aufnahme von Lehrstoff würden die psychisch entsprechend gereiften Kinder anschließend spielend aufholen, so dass sich beim Übergang zu weiterführenden Schulen keinerlei Defizite einstellten.

Ganz eindeutig festzustellen bleibt in diesem Zusammenhang, dass meine hier geäußerten Anregungen nichts mit der Erstellung neuer pädagogischer Konzepte zu tun haben. Solche Konzepte greifen bei dieser Gruppe Kinder nicht, führen zu keinerlei Veränderung in ihrem problematischen Verhalten und helfen somit letztlich niemandem. Was diese Kinder als Letztes brauchen, ist es, Versuchskaninchen immer neuer Pädagogen-Ideen zu sein. Was sie dagegen wirklich brauchen, ist eine neue, eine andere Art von Verständnis, die auf der Anerkennung der Wichtigkeit psychischer Reifeprozesse beruht. Letztlich gilt das übrigens auch für die Verantwortlichen in der Ausbildung. Lehrherren und Ausbilder müssen neben dem fachlichen Know-how zumindest ansatzweise Kenntnis der möglichen Hintergründe des Negativverhaltens von Azubis erlangen. Mancher scheinbar hoffnungslose Fall ließe sich dann vielleicht doch noch positiv ins Arbeitsleben integrieren.

Neue Aufgaben für die Großeltern

Bisher war im Zusammenhang mit den Großeltern lediglich davon die Rede, dass auch diese häufig bereits in die Projektion gerutscht sind. Dabei stehen zu bleiben, würde jedoch den Blick auf diese wichtige Generation unzulässig verkürzen. Gerade die Großeltern nämlich stellen eine enorm wichtige Ressource dar, wenn wir darangehen wollen, die Generation unserer Kinder und Jugendlichen vor dem endgültigen Abrutschen in die Lebensuntüchtigkeit zu bewahren. Voraussetzung dafür ist selbstverständlich, dass die Großeltern in der Lage sind, das Kind als Kind zu sehen und es nicht im Sinne der Projektion mit der eigenen defizitären Situation zu belasten.

Häufig genug wird beklagt, dass alte Menschen in ihrem Lebensabend Erfüllung vermissen, sich abgeschoben fühlen und vom Leben ausgeschlossen. Geht man davon aus, dass es in dieser Generation ein Bewusstsein für die beschriebene Beziehungsstörung gibt, wäre der Weg frei, die Großeltern aktiv in die Förderung der Jüngsten einzubeziehen. Das wäre denkbar für die Frühförderung in Kindergarten und Grundschule. Ebenso jedoch könnte man Modelle ersinnen, die zu einer Entlastung der Familien führen würden. Ansatzweise gibt es so etwas heute bereits, ein Beispiel wäre etwa die Initiative »big friends for youngsters«, abgekürzt schlicht »biffy«, die sich für einen solchen Dialog zwischen den Generationen über ein Patenschaftsmodell einsetzt. Ein Ausbau solcher Angebote wäre keine Notlösung, sondern eine sinnvolle Hilfe.

Voraussetzung für eine Umkehr: Bewusstwerdung geht vor Lösung

Meine Ausführungen sollen vor allem einen Sinn haben: die Problematik der psychischen Unreife unserer Kinder und Jugendlichen ins Bewusstsein der Erwachsenen zu rücken und damit die Möglichkeit zu eröffnen, sich einer zukunftsbedrohenden Entwicklung entgegenzustemmen. Zukunftsbedrohend ist diese Entwicklung vor allem auf Grund der fehlenden Beziehungsfähigkeit der zunehmenden Menge an narzisstischen Kindern, die in der Symbiose groß geworden sind. Beziehungsfähigkeit bedeutet beispielsweise, dass das Kind für die Eltern in die Schule geht, für die Eltern lernt. Benimmt sich das Kind in der Schule daneben (was selbstverständlich immer mal wieder vorkommt), haben die Eltern normalerweise über die Beziehung Einfluss darauf, dass das Kind sich künftig wieder benehmen wird. Bei narzisstischen Kindern ist diese Einflussnahme unmöglich.

Tragischerweise habe ich im Schwerpunkt mit gesunden und beziehungsfähigen Eltern zu tun, deren Kinder jedoch auf Grund der psychischen Fixierung im frühkindlichen Narzissmus nicht beziehungsfähig sind. Diese Kinder sind in keiner Weise mehr lern- und leistungsbereit, sie agieren vielmehr vollkommen lustorientiert. Es besteht die reale Gefahr, dass diese Kinder sich im Jugendalter zunehmend aus der Schule fernhalten werden und sich statt dessen beispielsweise auf ihr Zimmer zurückziehen und dort lustorientiert Computerspiele spielen oder Fernsehen schauen. Am Beispiel der japanischen Hikikomoris in Kapitel sieben zeigt sich, dass dies keine Denkfigur aus einem Science-Fiction-Drama ist, sondern bereits heute bittere Realität in westlich orientierten Kulturkreisen.

Solange die Versorgung dieser Kinder sichergestellt ist, werden sie sich ruhig verhalten. Sobald sie jedoch auf irgendeine Weise gefordert werden oder aber Computer und TV nicht mehr funktionieren, ist die Wahrscheinlichkeit von verbalen oder auch körperlich aggressiven Schüben gegenüber den Bezugspersonen oder auch Gegenständen sehr hoch. Letztlich reagieren diese Kinder wie ein Kleinkind, das auf sofortiger Lusterfüllung beharrt und dem diese verwehrt wird.

Da diese Kinder das Gegenüber psychisch nicht realisieren, versagen alle pädagogischen Konzepte, und das Scheitern in Schule und Gesellschaft ist über kurz oder lang vorprogrammiert. Als junge Erwachsene sind diese Menschen in keinem Fall arbeitsfähig und können somit langfristig für den Zusammenbruch gesellschaftlicher Strukturen sorgen.

Indes: So weit ist es noch nicht. Denn eines müssen wir uns bei aller Sorge vor Augen halten: Es ist noch gar nicht so lange her, dass Kinder sich in Deutschland sehr positiv entwickelt haben, psychische Reifeprozesse ordentlich durchlaufen werden konnten und vollwertige Mitglieder der Gesellschaft entstanden. Damit bleibt die Hoffnung, dass die Schaffung eines Bewusstseins für die gegenwärtige Abwärtstendenz dazu führt, dass eine Umkehr stattfindet und Erwachsene zurückfinden zu ihrer angemessenen Rolle: Eltern als liebevolles Gegenüber für das Kind, an dem es sich orientieren kann, ohne selbst früh in die falsche Position gedrängt zu werden. Kinder, so lässt sich feststellen, müssen von uns dringend wieder als Kinder gesehen werden; die ihnen aufgezwungene Rolle des kleinen Erwachsenen, der in allen Lebensbereichen als Partner ganz selbstverständlich an unserer Seite ist, muss beendet werden!

Damit das geschehen kann, bedarf es dringend entsprechender Untersuchungen zur Beurteilung des psychischen Reifegrades der Kinder in Kindergarten und Grundschule. Nur so ließe sich Zahlenmaterial bereitstellen, das auch an den entscheidenden Stellen in Politik und Verwaltung für ein Umdenken sorgen könnte. Die Gesellschaft selbst ist zweifelsohne bereit, sich diesem Bewusstwerdungsprozess zu unterziehen. Die Erkenntnis, dass ein immer neues pädagogisches Rumdoktern am System zu nichts führt, hat sich spätestens mit der evidenten Notsituation bei der Ausbildungsfähigkeit der Jugendlichen durchgesetzt.

Ich möchte hier keine en détail ausformulierten Lösungen für die Probleme präsentieren, und das aus gutem Grund.

Niemandem ist damit gedient, sich einer vermeintlich simplen Lösungsstrategie für ein Problem zu bedienen, wenn er die Hintergründe und Grundlagen für dieses Problem nicht verstanden hat.

Genau das bezwecke ich: Sie, der Leser, der nichts lieber möchte, als (seinen) Kindern zu helfen, soll sich darüber klar werden, welche Mechanismen die psychische Reifung der Kinder in der gegenwärtigen Situation außer Kraft gesetzt haben. Mit diesem Wissen im Hinterkopf gilt es dann, neue Strategien zu entwickeln, um aus der Sackgasse zu entkommen. Das ist jedoch ein Prozess, an dem jeder einzelne Betroffene sich aktiv beteiligen muss.